AF828185

ISAY

Die Geschichte der Kartellgesetzgebungen

DIE GESCHICHTE DER KARTELLGESETZGEBUNGEN

Von

Dr. Rudolf Isay

Honorarprofessor an der Universität Bonn

Berlin 1955

WALTER DE GRUYTER & CO.

vormals G. J. Göschen'sche Verlagshandlung, J. Guttentag, Verlagsbuchhandlung, Georg Reimer, Karl J. Trübner, Veit & Comp.

Alle Rechte, einschließlich des Rechtes der Herstellung von Photokopien und Mikrofilmen, vorbehalten. —
Archiv-Nr. 270755 — Satz: Walter de Gruyter & Co., Berlin W 35 — Druck: Bogdan Gisevius, Berlin W 35, und Berliner Buchdruckerei „Union" G. m. b. H., Berlin SW 29

Vorwort

Durch das liebenswürdige Entgegenkommen von Herrn Prof. Dr. Dölle, Direktor des Max Planck-Instituts für ausländisches und internationales Privatrecht, sowie durch die Freundlichkeit des Verlages ist es möglich, eine Arbeit neu herauszubringen, in welcher der Verfasser vor einem Vierteljahrhundert den Versuch gemacht hat, die seit dem Ausgange des Mittelalters geschichtlich auftretenden Formen einer Kartellgesetzgebung aus der jeweils herrschenden Wirtschaftsgesinnung abzuleiten und zu begreifen.

Zur Zeit ihrer Abfassung stand, ebenso wie heute, die Reform des Kartellrechts auf der Tagesordnung. Die Arbeit wurde daher in der Hoffnung geschrieben, daß sie dazu beitragen werde, die zur Diskussion stehenden Fragen aus den Interessenkämpfen der Gegenwart herauszuheben, sie als Glieder einer langen Entwicklungsreihe und als Ergebnis der jeweils herrschenden Wirtschaftstheorie zu begreifen und dadurch sachgemäß zu lösen.

In dem seit ihrer Veröffentlichung verflossenen Vierteljahrhundert geriet die Schrift in Vergessenheit. Der Ort, wo sie erschien, war ungünstig; denn der Kartellwissenschaftler, sei er Jurist oder Volkswirt, pflegt in der von Rabel herausgegebenen Zeitschrift für ausländisches und internationales Privatrecht keine ihn interessierenden Arbeiten zu suchen[1]). Außerdem war im Dritten Reich von einer Reform des Kartellrechts in dem Sinne, wie der Verfasser sie für sinnvoll hielt, bald nicht mehr die Rede.

Heute ist die Frage der Kartellgesetzgebung wieder aktuell geworden. In den nächsten Monaten wird sich der Bundestag mit dem Entwurf eines Gesetzes gegen Wettbewerbsbeschränkungen zu beschäftigen haben. Vielleicht kann daher die damalige Arbeit heute ihrem ursprünglichen Zwecke dienen, indem sie dazu beiträgt, daß die gesetzgebenden Faktoren sich nicht durch die emotionellen Deklamationen beirren lassen, welche die Diskussionen der letzten Jahre leider im wesentlichen kennzeichneten.

---

[1]) Beispielsweise wird sie von Curt Eduard Fischer in seiner ausführlichen Abhandlung „Geschichte der deutschen Versuche zur Lösung des Kartellproblems", Z. f. d. Ges. Staatswissenschaften 110 S. 425ff., nicht erwähnt. Auch sonst ist sie in der deutschen Literatur nirgends benutzt. Im Ausland wurde sie berücksichtigt, so von dem unten S. 78 besprochenen Buch von Piotrowsky.

Der ursprüngliche Aufsatz ist im Wege des fotomechanischen Nachdrucks wiedergegeben. Infolgedessen enthält er unverändert den damaligen Text. Spätere Arbeiten konnten nicht darin berücksichtigt werden.

Statt dessen ist der Aufsatz durch einen Nachtrag ergänzt worden. Der Nachtrag führt die Darstellung bis zur Gegenwart fort und behandelt ausführlich auch den erwähnten Gesetzentwurf. Außerdem greift er am Schlusse, wo er eine Gesamtübersicht über die geschichtliche Entwicklung gibt, weiter in die Vergangenheit zurück als der ursprüngliche Aufsatz und beginnt die Darstellung mit einer gedrängten Schilderung der Gesetzgebung des Altertums und des Mittelalters. Endlich ist im Nachtrage Schrifttum verwertet, das in der ursprünglichen Arbeit noch nicht berücksichtigt war.

Bonn, Weihnachten 1954 Isay

Inhaltsverzeichnis

Erster Teil

abgedruckt in „Zeitschrift für ausländisches und internationales Privatrecht", **1930**, 4. Jahrgang, Heft 1 unter dem Titel

Die Entwicklung der deutschen und ausländischen Kartellgesetzgebungen

Ein flüchtiger Überblick über die Spezialvorschriften, welche sich in den verschiedenen Ländern mit den Kartellen und verwandten Organisationen befassen, zeigt, daß eine vergleichende Darstellung dieser Vorschriften sehr leicht einer Gefahr unterliegt, die in gewissem Umfange jeder Rechtsvergleichung droht. Es ist die Gefahr, daß der Leser am Schlusse der Schilderung die Empfindung hat, ein Raritätenkabinett besichtigt zu haben, das ihm allerhand erstaunliche Seltsamkeiten gezeigt hat, nicht aber eine systematische Sammlung, welche ihm die inneren Zusammenhänge der gesehenen Dinge vor Augen führt. Andererseits ist wohl kein Zweifel, daß Rechtsvergleichung als Darstellung von Merkwürdigkeiten keinen oder mindestens keinen erheblichen wissenschaftlichen Wert besitzt. Ein solcher Wert kommt ihr nur zu, wenn sie die tiefere Erkenntnis der einzelnen Rechtsinstitute fördert, wenn sie erklärt, auf welchen rechts- oder wirtschaftspolitischen Erwägungen die geschilderten Abweichungen der verschiedenen Rechtsgebiete beruhen.

Das gilt ganz besonders von dem uns interessierenden Gebiete der Kartellgesetzgebung. Hier hat Lehnich [2]) bereits mit Recht darauf hingewiesen, daß in verschiedenen Ländern unter verschiedenen Wirtschaftsverhältnissen scheinbar gleiche Rechtsinstitute einen verschiedenen Sinn besitzen. Diesen Satz kann man auch umkehren: Äußerlich verschiedene Institute erwachsen mitunter aus dem gleichen Grundgedanken und erfahren lediglich durch verschiedene wirtschaftliche Grundlagen eine äußerlich abweichende Ausgestaltung.

Jedoch hat Lehnich jenen zweifellos richtigen und wertvollen, von ihm an die Spitze seines Buches gestellten Grundgedanken nur schüchtern verfolgt. Er betrachtet die verschiedenen Rechtsgestaltungen lediglich unter dem einen Gesichtswinkel, ob sie ein Überwiegen des Angebots oder ein Überwiegen der Nachfrage zur Voraussetzung haben. Diese Einstellung Lehnichs beruht darauf, daß er ein echtes Kartell immer

[1]) Ein Teil dieser Ausführungen lag einem Vortrag zugrunde, den der Verfasser am 18. Dezember 1929 in der Internationalen Vereinigung für vergleichende Rechtswissenschaft und Volkswirtschaftslehre gehalten hat

[2]) Kartelle und Staat S. 1 ff., 129 ff.

nur bei Überwiegen des Angebots annimmt, wogegen er bei überwiegender Nachfrage von einem Monopol spricht.

Nun ist die Funktion eines Kartells zweifellos wesentlich verschieden, je nachdem, ob die Nachfrage oder das Angebot überwiegt. Ob diese Verschiedenheit ausreicht, um für den Nationalökonomen die von Lehnich erstrebte Beschränkung des Kartellbegriffs zu rechtfertigen, mag hier dahingestellt bleiben. Es sei lediglich darauf hingewiesen, daß auch von nationalökonomischer Seite, beispielsweise von Liefmann,[1]) dagegen Widerspruch erhoben worden ist. Für die rechtliche Betrachtung jedenfalls ist die Begrenzung Lehnichs nicht zu verwerten. Das Verhältnis von Angebot und Nachfrage wechselt heute im Verfolg der Konjunkturen. Gesetzliche Einrichtungen aber pflegen normalerweise trotz aller Schnellebigkeit unserer heutigen Gesetze mehrere Konjunkturen zu überdauern, und es ist unmöglich, ein und dasselbe Gesetz je nach der jeweiligen Konjunktur verschieden zu beurteilen. Der Jurist, namentlich derjenige, der eine rechtsvergleichende Darstellung geben will, kann nicht zwischen Monopolen und Kartellen im Lehnichschen Sinn unterscheiden, sondern er muß beide in den Bereich seiner Untersuchung einbeziehen.

Ebensowenig kann er sich daher darauf beschränken, lediglich das Moment von Angebot und Nachfrage zur Erklärung der verschiedenartigen Kartell- und Monopolgesetzgebungen zu verwenden. Die gesamte Wirtschaftsgesinnung und die gesamte wirtschaftspolitische Einstellung der einzelnen Zeiten und Völker muß berücksichtigt werden, wenn man einer Darstellung der verschiedenen Kartellgesetzgebungen Leben verleihen will.

Diese Erwägung führt dazu, die Vergleichung — um ein beliebtes Schlagwort der modernen Wirtschaft zu gebrauchen — nicht bloß „horizontal" auf die verschiedenen heute geltenden Gesetzgebungen zu erstrecken, sondern auch „vertikal" auf die Gesetzgebungen der Vergangenheit. Das empfiehlt sich auch deswegen, weil die zurzeit geltenden gesetzlichen Vorschriften teilweise schon ein recht respektables Alter besitzen, wie z. B. Art. 419 des französischen Code pénal. Außerdem ist bekanntlich die Entwicklung von Wirtschaftsverfassung und Wirtschaftsgesinnung in den einzelnen Ländern nicht parallel verlaufen. Beispielsweise darf daran erinnert werden, daß der wirtschaftliche Individualismus in England etwa hundert Jahre früher begonnen hat als in Frankreich oder gar in Deutschland. Endlich aber — und das dürfte der entscheidende Gesichtspunkt sein — gilt in wirtschaftspolitischer Beziehung keineswegs der Satz, daß das Vergangene nicht wiederkehrt. Wir haben, um nur ein Beispiel zu nennen, in der Kriegszeit eine Wiedergeburt des Merkantilismus erlebt. Infolgedessen gibt die Darstellung der vergangenen wirtschaftspolitischen Entwicklung eine ausgezeichnete Möglichkeit, die dem geltenden Recht bewußt oder unbewußt zugrunde liegenden Motive zu erklären, selbst wenn, wie das vielfach der Fall ist,

[1]) JW. 1928 S. 612.

verschiedenartige Erwägungen, die in verschiedenen Epochen der Vergangenheit rein ausgeprägt waren oder doch dominierten, im heutigen Recht sich überlagern und vermischen.

Aus diesem Grunde beruht die vorliegende Darstellung auf einer Schilderung der Vergangenheit. Allerdings erstreckt sich die Darstellung nicht ins Ungemessene zurück. Sie beschränkt sich auf die Zeit seit den ersten Anfängen des Kapitalismus. Wohl besitzen wir auch aus früherer Zeit, namentlich aus dem Altertum, Überlieferungen über Wirtschaftsvorgänge und Gesetzgebungen, die den heutigen außerordentlich verwandt erscheinen. Die bekannteste ist die constitutio des Kaisers Zeno gegen die Monopole (Codex 4, 59). Weiteres Material ist beispielsweise bei Kohler, Dogm. Jahrb. 18 S. 460 ff. zusammengestellt. Indessen kann eine Betrachtung dieser Gesetzgebungen kein Material zur Erklärung der Gegenwart liefern. Einmal, weil wir über die wirtschaftspolitischen Anschauungen, die ihnen zugrunde liegen, zu wenig wissen. Vor allem aber, weil der Zusammenhang zwischen jenen Erscheinungen und der Gegenwart zerrissen ist. Von der Gegenwart trennen sie zahlreiche Jahrhunderte erst der Naturalwirtschaft und später der Zunftverfassung.

Aber auch in diesem begrenzten Rahmen ist die Aufgabe noch umfassend genug. Wer sie vollkommen lösen wollte, müßte eine gründliche Kenntnis des volkswirtschaftlichen Schrifttums von vier Jahrhunderten mit einer Beherrschung der in den wichtigsten Kulturstaaten bestehenden Gesetzgebung und Rechtslehre verbinden; er müßte Jurist und Nationalökonom in einer Person sein. Dessen aber kann sich heute, bei der reichen Entwicklung beider Disziplinen, niemand mehr rühmen. Daher ist eine wirklich vollendete Bearbeitung des Themas zurzeit kaum zu erwarten, zumal sie auch eine gewisse praktische Kenntnis des Kartellwesens voraussetzt. Das mag die Veröffentlichung der vorliegenden Arbeit rechtfertigen, obwohl sich niemand ihrer Lücken besser bewußt ist als der Verfasser.

I.

Die bekannte Liefmannsche Definition versteht unter Kartellen

> „freie Vereinbarungen zwischen selbständig bleibenden Unternehmern derselben Art zum Zwecke monopolistischer Beherrschung des Marktes".

Über die Berechtigung dieser Definition sind neuerdings Meinungsverschiedenheiten entstanden, die uns hier nicht interessieren. Ein Merkmal der Liefmannschen Definition ist für unsere Zwecke jedoch zweifellos nicht brauchbar. Wir können uns nicht auf freie Vereinbarungen von Unternehmern beschränken. Eine rechtsvergleichende und rechtshistorische Darstellung, welche die Zwangskartelle aus dem Begriff des Kartells ausscheiden wollte, würde ein lückenhaftes Bild geben.

Richtig aber ist es, daß man von Kartellen nur dort sprechen kann, wo es einen Unternehmer gibt sowie einen Markt, der, sei es durch freie Vereinbarung, sei es durch zwangsweisen Zusammenschluß der Unternehmer, geregelt werden kann. Kartelle sind ein Gegenstück zum freien Wettbewerb. Sie wollen den Wettbewerb zwischen den Unternehmern auf dem Markte beseitigen oder beschränken. Ein Gebilde, das als ein Kartell in unserem Sinne angesprochen werden kann, setzt also zunächst voraus, daß ein Wettbewerb der Unternehmer auf dem Markt überhaupt denkbar, daß er nicht von vornherein nach der ganzen Wirtschaftsverfassung und Wirtschaftsgesinnung der Zeit ausgeschlossen ist.

1. Infolgedessen tauchen Kartelle und Kartellgesetzgebungen in unserem Sinn erst mit dem Beginn des Frühkapitalismus auf. Die Zunftverfassung, welche im Mittelalter sowohl das Handwerk als auch den Handel beherrscht, bietet keine Grundlage für irgendwelche Kartelle. Ein Kartell ist nicht möglich, wo die Zahl der Meister, die Zahl ihrer Arbeitskräfte und damit die Größe ihrer Betriebe sowie ihr Arbeitsgebiet durch die Zunftverfassung festgelegt ist, wo es sich nur um einen lokalen Markt handelt, wo der Preis von vornherein feststeht, wo das Streben nach einem Gewinn, der über den Bedarf des standesgemäßen Unterhalts hinausgeht, durch die auf der aristotelischen Philosophie basierende Lehre der christlichen Kirche für sündhaft erklärt ist und wo endlich eine scharfe Konkurrenz unter den Gewerbegenossen schon durch den innerhalb der Zunft herrschenden Geist der Brüderlichkeit ausgeschlossen wird.[1])

Die uns interessierende wirtschaftliche Erscheinung kann sich erst in dem Augenblick entwickeln, als mit der beginnenden Neuzeit die ersten Unternehmerpersönlichkeiten sich zeigen und die Schranken des alten Zunftgeistes durchbrechen. Der faustisch ins Unendliche strebende und doch rational geleitete Wissensdrang, der damals die Grundlage der modernen Naturwissenschaften schuf und der Kolumbus und Vasco da Gama auf ihre Entdeckungsfahrten trieb, hat auf wirtschaftlichem Gebiet seine Parallele in dem Drang, ungemessene Güter durch sorgfältig berechnete wirtschaftliche Unternehmungen zu erwerben. In den Konquistadoren, die gleichzeitig auf Entdeckung und auf Beute auszogen, vermählen sich die beiden Triebe. In den Großkaufleuten der damaligen Zeit, den Fuggern, Welsern u. a., ist der faustische Erwerbstrieb rein verkörpert.[2])

---

[1]) Sombart, Kapitalismus, (2. Aufl., I 32 ff., 190 ff. 291 ff.; Sieveking im Grundriß der Sozialökonomik VI S 8; Strieder, Studien zur Geschichte kapitalistischer Organisationsformen, 2. Aufl S 156 ff.; Brentano, Geschichte der wirtschaftlichen Entwicklung Englands I S. 237 ff., 246 ff., II S. 95 ff; Stieda, Ältere deutsche Kartelle, Schmollers Jahrb. 1913 S. 725 ff.; Köttgen, Artikel „Gewerbegesetzgebung" im Handwörterbuch der Staatswissenschaften, 4. Aufl. IV S. 1006 ff.

[2]) Sombart a. a. O. I 319 ff.; Max Weber, Aufsätze zur Religionssoziologie (Tübingen 1922) S. 4 ff., 30 ff., 48 ff. u. a

Es ist kein Zufall, daß wir in dieser Zeit die ersten Kartelle finden. Allerdings beziehen sie sich selbstverständlich nur auf diejenigen Gewerbe, welche der Zunftverfassung nicht unterlagen, vor allem auf den Vertrieb der Bergwerksprodukte.

Beispielsweise wurde ein Alaunkartell im Jahre 1470 zwischen dem Papst und dem König Ferrante von Neapel abgeschlossen,[1]) welches verhindern sollte, daß die Parteien sich durch das Alaun, das im Kirchenstaate zu Tolfa und im Gebiete Neapels auf Ischia gefördert wurde, gegenseitig derartige Konkurrenz machten,

„ita ut per concursum et habundantiam aluminis precium utriusque impediretur et vilesceret".

Nach diesem Vertrage sollten alle Verkäufe durch zwei Abgeordnete der Kontrahenten, einen päpstlichen und einen königlichen Abgeordneten, erfolgen. Zu jedem Auftrag sollten die päpstlichen und die königlichen Gruben je die Hälfte des Materials liefern. Die Preise, zu denen abgeschlossen werden sollte, waren genau festgesetzt. Der Erlös wurde entsprechend der hälftigen Beteiligung am Absatz zu gleichen Teilen verteilt. Schloß einer der Beauftragten ungehörigerweise billiger ab, so hatte sein Auftraggeber dem anderen den Gewinnausfall zu ersetzen. Auch die Konditionen waren insofern geregelt, als nur gegen Geld, nicht gegen Naturalvergütung verkauft und kein Kredit über ein Jahr hinaus gewährt werden sollte. Ferner wurde ein eigenartiges Mittel zur Bindung der Abnehmer angewandt. Die Hauptkonkurrenz der Kartellmitglieder bestand in dem türkischen Alaun, und der Papst verpflichtete sich daher, alljährlich das Verbot des Handels in türkischem Alaun der ganzen Christenheit einzuschärfen. Schiffe, die türkisches Alaun mit sich führten, wurden der Kaperei freigegeben.

Auf dem Gebiete des Kupferbergbaus kam zunächst im Jahre 1534 ein Syndikat der Mansfelder Saigerhütten zustande.[2]) Einige Jahre später, im Februar 1548, wurde ein Kartell zwischen den Fuggern als Käufern der Produktion der Tiroler Kupfergruben und der Firma Manlich als Pächterin der ungarischen Kupfergruben geschlossen.[3]) Der Urheber des letzteren war König Ferdinand, in dessen Gebiet sowohl die einen wie die anderen Kupfergruben lagen und der ein Interesse daran hatte, den Preis des Kupfers nicht übermäßig sinken zu lassen. Er wies daher durch ein Schreiben vom 21. Januar 1548 Anton Fugger an, den bisherigen Kupferpreis erhalten zu helfen. Der Vertrag sieht in erster Linie eine Rayonierung der den beiden Teilen zustehenden Absatzgebiete bezw. einen Kundenschutz vor, ferner einen Preisschutz in den Gebieten, wo beide Parteien miteinander konkurrieren dürfen, namentlich in den Niederlanden. Für den Fall der Nichteinhaltung der Preise werden Vertragsstrafen vorgesehen.

---

[1]) Strieder a. a. O. S. 168 ff.

[2]) Stieda a. a. O. S. 730 ff.

[3]) Strieder a. a. O. S. 489 ff.

Ähnliche Kartelle wiederholen sich in der Folgezeit. Strieder druckt zwei Kartellverträge ab, von denen der erste im Jahre 1649 zwischen der bayerischen und der österreichischen Regierung als Inhabern der Reichenhaller und der Haller Salinen abgeschlossen, der andere zwischen den genannten beiden Regierungen einerseits, den Pächtern der burgundischen Salinen andererseits im Jahre 1659 vereinbart worden ist.[1]) Beide Verträge setzen den Preis des Salzes fest mit der Maßgabe, daß eine Überschreitung des Preises zulässig und nur eine Unterschreitung verboten ist. Ferner bestimmen sie die Konditionen ähnlich wie das oben erörterte Alaunkartell zwischen der päpstlichen und der neapolitanischen Regierung. Direkte oder indirekte Umgehungen werden für unzulässig erklärt. Eine Sperre wird für solche Abnehmer vorgesehen, die ihre Schulden bei dem einen Kartellmitglied nicht bezahlt haben und nun bei dem anderen Kartellmitglied kaufen wollen.

Handelt es sich bei den geschilderten Verabredungen um echte Kartelle selbständig bleibender Unternehmer, so finden sich daneben, und zwar in fast noch größerem Umfange Abmachungen über den Handel in einzelnen Waren, die wir heute nicht als Kartelle, sondern als Ringe oder auch als Konsortien bezeichnen würden. Sie dienen nämlich nur einem vorübergehenden spekulativen Zweck und zielen regelmäßig auf gemeinsame Verwertung eines von den Beteiligten eingebrachten Warenbestandes ab.

Namentlich die Geschichte der Fugger und Welser ist reich an derartigen Abmachungen. Kohler[2]) teilt den Vertrag über einen Kupferring mit, der am 12. Mai 1498 zwischen Ulrich Fugger und anderen geschlossen worden ist, nennt ihn allerdings irrtümlicherweise ein Kartell. Der Vertrag betrifft

> „ainer summa Kupfer, so zusammengelegt und durch ain handt hinfuran zu Venedig verkauft sol werden",

also eine Gelegenheitsgesellschaft über den Verkauf eines gewissen Kupfervorrats.[3]) Strieder schildert ein Zinnmonopolisierungsprojekt des Anton Fugger vom Jahre 1550, das er gemeinsam mit seinem Faktor Konrad Mayr durchführen wollte.[4]) Ferner erhebt am 9. März 1530 der kaiserliche Reichsfiskal beim Reichskammergericht gegen den Bartolome Welser und seine Angehörigen Klage wegen vieler Spezereispekulationen:

> „So hat Bartolome Welser mit seinen geselschaftern ein mercklich gross hauptgut und gelt allenthalben und mit grossem vleis aufgenomen und zuhandt gebracht von etwievil jaren her, jedes jar besonder und bis uff diss gegenwurtig XXIX. jar und monat decembris negst verschinen im konigreich Portugal in der stat Lisibona mit dem konig von Portugal allerhandt kauf umb pfeffer und andere specerei angenomen und beslossen, solh gross

[1]) a. a. O. S 406 ff., 411 ff.

[2]) Unlauterer Wettbewerb (1914) S. 4.

[3]) Vgl. jedoch Stieda a. a. O. S. 729.

[4]) Strieder a. a. O. S. 503 ff.

aufgenomen und zusamenbracht hauptgut und gelt angelegt den centner umb ein genante suma kauft, mit den geding und vorworten, dass der konig zu Portugal in einem oder zweien ungeverlichen negstkomenden jaren nach beschehnem kauf, keinem andern kaufman pfeffer und andere specerei neher sonder vil teurer zu kaufen geben soll und obgleich darnach ander gesellschafter umb den konig auch kauft, haben si doch vil theurer kaufen müssen dann Welser und sein gesellschafter und darnach im reich teutscher nation vil ander ansetz und gevarlich auch gantz schedlich pact und monopolia geübt und gepraucht. Das hat solang gewert bis alle specerei in disen hohen werdt komen ist wie e. g. vor augen sehen und der pfeffer, imber, negell, muscatnuss, zimet, rörlin, muscatplut und anders durch solh ferlich vergeding Welsers und seiner gesellschafter in zwifachen werdt ungeverlich ersteigt und vertheirt worden seind ime und seiner gesellschaft zu grossem vortheil, nutz und reichtumb und der gantzen gemein hochs und niders stands teutscher nation zu mercklichem grossem untreglichen nachteil und schaden reichent." [1])

Ähnliche Verhältnisse finden wir in Frankreich vor.

Im Jahre 1548 widersetzt sich die Mehrzahl der Pariser Händler der Gründung einer Bank, aus Furcht, daß die Bank ihre Geldmittel zu spekulativen Aufkäufen benutzen könnte.[2]) In den folgenden Jahrhunderten wird uns von Ringen für Getreide, sonstige Lebensmittel und Wolle berichtet. Unter Ludwig XIV. kaufen drei Spekulanten 60 000 leere Buttertöpfe auf, um dadurch mittelbar den Buttermarkt zu beherrschen.[3])

Aber auch in Frankreich bestanden damals echte Kartelle. 1606 kommt eine Preisvereinbarung zwischen den Holzaufkäufern von Laigle und von Compiègne über den Weiterverkauf des Holzes zustande. 1647 wird ein Kontingentierungskartell unter den Pächtern der Kohlenbergwerke des Beckens von Alais geschlossen.[4])

Sogar von einem Vorbild der modernen amerikanischen open-prize-Verbände wird uns berichtet: Die Schlächterinnungen errichteten ein Zentralbüro, das nur Informationen ausgeben sollte. Darin erblickt man ein Mittel,

„d'augmenter de plus en plus le prix de la viande et d'en diminuer l'abondance dans les marchés par les avis continuels que les directeurs de ce bureau feraient passer en même temps dans toutes les provinces".[5])

2. Eine solche wirtschaftliche Betätigung stand in offensichtlichem Widerspruch zu den bisherigen Anschauungen, namentlich zu der Lehre vom gerechten Preis (justum pretium), wie sie in der christlichen Philosophie des Mittelalters ausgebildet war,[6]) und auch in die Sitten-

---

[1]) Strieder a. a. O. S. 382.
[2]) Chastin Les trusts et les syndicats de producteurs (Paris 1909) S. 7.
[3]) Chastin a. a. O. S. 11.
[4]) Chastin S. 12 ff.
[5]) Mitgeteilt von Chastin S. 11.
[6]) Sombart a. a. O. I S. 32 ff.; Max Weber a. a. O. S. 72 ff.; Strieder a. a. O. S. 188 ff.

lehre der Reformatoren überging. Luther bekämpft in seiner Schrift „Von Kaufshandlung und Wucher" aus dem Jahre 1524 die Regel, daß der Kaufmann seine Ware so teuer verkaufen dürfe, wie er könne — wie sie insbesondere in den Pandekten [1]) zum Ausdruck kommt. Er meint, sie verstoße

> „nicht alleine wider die christliche Liebe, sondern auch wider das naturlich Gesetz".

Statt dessen stellt er den Grundsatz auf:

> „Ich mag meine Waar so theur geben, als ich soll, oder, als recht und billig ist."

Für die Berechnung dieses angemessenen Preises aber gibt er folgende Regel:

> „Darumb musst du dir fursetzen, nichts denn deine ziemliche Nahrunge zu suchen inn solchem Handel, darnach Kost, Muhe, Aerbeit und Fahr rechen und uberschlahen, und also denn die Waar selbst setzen, steigern oder niedern, dass du solcher Aerbeit und Muhe Lohn davon habest." [2])

Es ist daher nicht erstaunlich, daß man es nicht bei der moralischen Mißbilligung beließ, sondern auch rechtlich dagegen vorging.

Das rechtliche Fundament war die bereits oben erwähnte constitutio des Kaisers Zeno, die in das Corpus juris und damit in das gemeine Recht übergegangen war. Darüber hinaus wurden die geltenden Vorschriften durch verschiedene Gesetze der damaligen Zeit verschärft. Der Reichsabschied von Trier-Köln aus dem Jahre 1512 ordnet folgendes an:

> „Und nachdem etwa viel grosse Gesellschafft in Kauffmannsschafften in kurtzen Jahren im Reich aufgestanden, auch etliche sondere Personen sind, die allerley Waar und Kauffmanns-Güter, als Specerey, Ertz, Wöllen-Tuch und dergleichen in ihre Händ und Gewalt allein zu bringen unterstehen, Fürkauff damit zu treiben, setzen und machen ihnen zum Vortheil solcher Güter den Wehrt ihres Gefallens, fügen damit dem hl. Reich und allen Standen desselbigen mercklichen Schaden zu, wider gemein beschriebene Kayserliche Recht und alle Erbarkeit: Haben Wir, zur Förderung gemeines Nutz und der Nothdurfft nach, geordnet und gesetzt und thun das hiemit ernstlich und wollen, dass solche schädliche Handthierung hinführo verboten und ab sey und sie niemands treiben oder üben soll. Welche aber wider solches thun würden, deren Haab und Güther sollen confiscirt und der Obrigkeit jeglichen Orts verfallen seyn. . . .
>
> Doch soll hiedurch niemands verboten seyn, sich mit jemand in Gesellschafft zu thun, Waar, wo ihnen gefällt, zu kauffen und zu verhandthieren; dann allein, dass er die Waar nicht unterstehe in eine Hand zu bringen und derselben Waar einen Wehrt nach seinem Willen und

---

[1]) fr. 16, D 4, 4, de minoribus. Pomponius ait, in pretio emptionis et venditionis naturaliter licere contrahentibus se circumvenire.

[2]) Luthers sämtliche Werke (Erlangen 1833) Bd. 22 S. 204.

Gefallen zu setzen, oder den Kauffer oder Verkauffer andinge solche Waar niemands dann ihm zu kauffen zu geben oder zu behalten; oder dass er sie nicht näher geben wolle, dann wie er mit ihm überkommen hat." [1])

Hierin liegt ein Verbot folgender Tatbestände:

a) die Ware in eine Hand zu bringen und der Ware einen Wert nach seinem Willen und Gefallen zu setzen;

b) den Abschluß von Exklusivverträgen mit Vorlieferanten oder Abnehmern des Inhalts, daß die Lieferung an andere oder der Kauf von anderen verboten ist bezw. daß bei der Lieferung an andere bestimmte Mindestpreise einzuhalten sind.

Die Vorschriften des Trier-Kölner Reichsabschieds werden in allgemeiner Form im Reichsabschied von 1532 [2]) und fast wörtlich in Titel XVIII der Reichspolizeiordnung von 1577 wiederholt.[3]) Auch fanden verschiedene Strafverfolgungen statt, beispielsweise ein Vorgehen des Reichsfiskals gegen Jakob Fugger, das jedoch durch einen ungnädigen Brief Karls V. an den Reichsfiskal vom 15. September 1523 niedergeschlagen wurde, [4]) und ferner das oben bereits erwähnte Vorgehen des Reichsfiskals gegen die Firma Welser. Über den Ausgang derartiger Verfahren allerdings wissen wir nichts. Die Gründe, die solche Prozesse letzten Endes zum Scheitern verurteilten, werden wir noch zu erörtern haben.

Völlig übereinstimmende Vorschriften wurden zur gleichen Zeit in England erlassen. Im Jahre 1552 wurde bestimmt (durch 5 & 6 Edw. VI c. 14):

> "Whatsoever person or persons ... shall engross or get into his or their hands by buying, contracting, or promisetaking, other than by demise, grant, or lease of land, or tithe, any corn growing in the fields, or any other corn or grain, butter, cheese, fish, or other dead victual, whatsoever, within the realm of England, to the intent to sell the same again, shall be accepted, reputed, and taken an unlawful engrosser or engrossers." [5])

In Frankreich endlich erließ Franz I. am 20. Juni 1539 eine Ordonnance folgenden Wortlauts:

> „Défendons à tous marchands et autres de commettre au fait de vivres et marchandises aucuns monopoles, conventicules ou fraudes au préjudice de nous et de la chose publique, ni autrement contrevenir ni excéder en tout ce et les dépendances, à ce qui

---

[1]) Strieder a. a. O. S. 71 ff.

[2]) Titel VIII; abgedruckt bei Emminghaus, Corpus iuris Germanici, 2. Aufl. (Jena 1844) S. 172.

[3]) Abgedruckt bei Emminghaus a. a. O. S. 396 ff. sowie bei Kohler, Unlauterer Wettbewerb (1914) S. 3.

[4]) Strieder a. a. O. S. 370 ff.

[5]) Zitiert nach Supreme Court of USA., Standard Oil Case, Federal Antitrust Decisions 4 S. 123; dazu Blackstone, Commentaries on the law of England (London 1811) Bd. IV S. 159 ff.; Koch, Grundzüge des englischen Kartellrechts (Berlin 1927) S. 5 ff.

appartient à gens de bien loyaux et fidelles, et ce que le vray estat des marchandises veut et requiert."

Eine Ordonnance von 1669 wiederholte das Monopolverbot:

„Et où ils se trouveraient convaincus de monopoles ou complots concertés par eux par parole ou écrit, comme de ne pas enchérir les uns sur les autres, voulons qu'outre la confiscation des ventes, ils soient condamnés en une amende arbitraire qui ne pourra être moindre de 1000 livres." [1])

Wie sich schon aus dem Wortlaut der deutschen, französischen und englischen Bestimmungen ergibt, richten sie sich nicht in erster Linie gegen Kartelle, die ja auch in damaliger Zeit noch ziemlich selten vorkamen. Was sie verdammen, sind vor allem die Versuche, durch spekulative Aufkäufe der Ware eine Teuerung herbeizuführen, sowie die dazu gebräuchlicherweise angewandten Mittel.

Das ergeben die Erläuterungen der zeitgenössischen juristischen Schriftsteller, namentlich die Fälle, die sie als Verstoß gegen die Monopolverbote aufzählen. So nennt Damhouder [2]) als Beispiele den Aufkauf von Lebensmitteln bei den Landwirten oder von sonstigen Waren bei den Produzenten oder Händlern, die Beeinflussung der Bauern dahin, daß sie ihre Erzeugnisse nicht auf den Markt bringen, die Ausfuhr von lebenswichtigen Waren in Zeiten der Not, die Abreden von Handwerkern über einen übertriebenen Lohn (der höher ist als in Nachbarorten), und heimliche Preisabreden unter Kaufleuten. Höchstens die beiden letzten Fälle könnten Kartellvereinbarungen in sich begreifen. In den zahlreichen Beispielen, die Johannes Althusius [3]) für Monopolvergehen anführt, findet sich kein einziges echtes Kartell. Pacius [4]) stellt lediglich das staatlich verliehene und das durch Abmachungen zwischen Händlern (negotiatores) begründete Monopol gegenüber, unterscheidet innerhalb der zweiten Kategorie aber nicht zwischen Ringen und Kartellen und denkt offenbar ausschließlich an Händler. Das gleiche gilt noch für Georg Adam Struve.[5])

Verhältnismäßig am deutlichsten wendet sich gegen Kartelle eine drastische Predigt des Geiler von Kaisersberg:

„. . . heissen Monopoli, die da ein War allein feil hond und haben wellen. Und über semlichs, so erwerben sie ein Freiheit, Brief und Sigel von eim Fürsten im Land oder von eim Künig. Das seind die rechten Monopoli, die ein Ding allein verkaufen wellen. ... Die andren Monopoli seind, die nit ein Ding wellend allein verkaufen, aber sie stupfen [6]) mit einander umb das gelt (de precio), wie sie es

[1]) Babled, Les syndicats de producteurs et détenteurs de marchandises, S. 116 ff.

[2]) Praxis rerum criminalium (Köln 1591) cap. 132.

[3]) Dicaeologia (Frankfurt 1618) lib. 1 cap. 133 Nr. 31 (S. 477).

[4]) Analysis Codicis (Argentorati 1637) S. 412.

[5]) Syntagma iurisprudentiae, 2. ed. (Frankfurt 1718) Bd. I S. 1583 ff.

[6]) = heimlich etwas verabreden.

geben wellend, also und anders nit. ... Dy seind minder denn dy ersten. (Diese) wellend den Gewin allein hon und nieman darf es feil hon, denn sie. Sy stont allein im Trog als ein Mor (Sau), die kein andre Suw hinein wil lassen. Also wellen sie die War allein hon und yedermann der muss sein Liecht von irem Liecht anzünden. Das thunt (jene) nit, sie stupfen numer zesamen, dass keiner ein Ellen des Thuchs, oder was es ist, wölfler gebe denn also." [1])

Die rechtspolitische Motivierung der geschilderten Antimonopolgesetzgebung ist auf Grund unserer Feststellungen nicht schwer zu erkennen. Sie will Erzielung übermäßigen Gewinnes verhindern. Monopole werden als unlautere Machenschaften angesehen, die eine den sittlichen und wirtschaftlichen Anschauungen des Mittelalters zuwiderlaufende Bereicherung des einzelnen ermöglichen. Die oben zitierte Darlegung Luthers liest sich fast wie ein Kommentar zur Preistreibereiverordnung von 1918.[2]) Nach Luther soll der Verkaufspreis der Ware berechnet werden auf Grund des Einstandspreises, ferner der auf die Ware verwandten Arbeit, der Gefahr (Risikoprämie!) und eines angemessenen Gewinns, der dem Kaufmann seine „ziemliche Nahrung" gewährt. Hier haben wir mit Ausnahme des Kapitalzinses sämtliche Faktoren, die nach der Rechtsprechung des Reichsgerichts bei der Ermittelung des „angemessenen Gewinnes" zu berücksichtigen sind, wie denn überhaupt im Mittelalter der „gerechte Preis" genau so auf Grund der Gestehungskosten errechnet wurde wie nach der Preistreibereiverordnung der „angemessene Gewinn".[3]) Mehr als seine „Nahrung" soll der Gewerbetreibende nicht verdienen. Denn eine großzügige „seigneuriale" Lebensführung kommt nicht ihm, sondern nur Fürsten und Herren zu.[4]) Soziale Ungleichheit innerhalb des gleichen Standes, wie sie durch übermäßigen Gewinn herbeigeführt werden würde, erscheint dem ständisch geordneten Staate schädlich. Das sind die m. E. maßgebenden Gesichtspunkte. Selbstverständlich spielt wie bei jeder Wuchergesetzgebung so auch hier der Gedanke des Verbraucherschutzes mit.[5]) Denn wenn der Monopolist sich selbst mehr als seine „ziemliche Nahrung" ergattert, so beeinträchtigt er dadurch die „Nahrung" seines Nächsten. Immerhin ist der Leitgedanke die Verhinderung übermäßigen Gewinnes.

II.

Der Kampf des mittelalterlichen Wirtschaftsgeistes gegen das Unternehmertum blieb vergebens. Die Reformation, vor allem der

---

[1]) Strieder S. 189 ff

[2]) Unten S. 37.

[3]) Brentano a. a. O. I S 350 ff

[4]) Sombart a. a. O I S. 32; vgl Brentano a. a O. I S. 352; Max Weber a. a. O S. 72 ff

[5]) Vgl die oben mitgeteilte Anklageschrift des Reichsfiskals gegen die Welser; ferner Luther a. a. O.

Puritanismus, brachte eine sittliche Hochschätzung der Berufsarbeit und des kapitalistischen Gewinnstrebens.[1]) Die Fürsten andererseits brauchten die neue Kapitalistenklasse, um ihre Kriege zu finanzieren und ihre Luxusbedürfnisse zu befriedigen.[2]) Namentlich waren gerade die von der allgemeinen Meinung bekämpften Monopolbewilligungen ein Mittel, den Fürsten reiche Einkünfte zu verschaffen. In England nahm bekanntlich das Monopolwesen besonders großen Umfang an und wuchs sich zu einem offenbaren Mißstand aus, da die Fürsten dazu übergingen, allgemein bekannte Gewerbe einzelnen Unternehmern vorzubehalten.

Indessen wäre es verfehlt, die Unterstützung des Monopolwesens durch die Fürsten lediglich auf deren Geldbedürfnisse zurückzuführen. Sie entsprach vielmehr dem Geist des Merkantilismus, wie er sich im Zeitalter des Frühkapitalismus auszubilden begann. Bekanntlich beruht das Merkantilsystem auf dem Grundgedanken, die Produktivität der Volkswirtschaft durch planmäßige Führung der gesamten Wirtschaft zu heben, um dadurch die Macht und die Leistungsfähigkeit des Staates zu steigern. Die Volkswirtschaft wird nicht als ein bloßes Spiel freier Kräfte aufgefaßt, sondern als „die funktionelle Betätigung eines volkswirtschaftlichen Körpers, zu dessen Aufbau die staatliche Regelung ebenso gehört wie die individuelle Selbstbestimmung".[3])

Der Merkantilismus erblickt daher in dem Monopol nicht etwas schlechthin Verwerfliches, sondern bekämpft es nur dann, wenn es ihm volkswirtschaftlich schädlich erscheint. Ebenso schädlich wie das Monopol kann aber auch nach der Meinung der damaligen Zeit der Konkurrenzkampf wirken. „Es ist Sache der Regierung, überall das Zuviel und Zuwenig, das Polypolium und das Monopolium der Produzierenden zu hindern".[4])

Die Konsequenz dieser Grundsätze zeigt sich vielerwärts.

1. Die Monopolverbote werden nicht aufgehoben, im Gegenteil gelegentlich weiter ausgebaut. Beispielsweise wandte sich ein Rezeß des Großen Kurfürsten vom 26. Juli 1653 gegen monopolistische Einkaufsverabredungen:

> „Demnach wir auch berichtet worden, daß die Hopfen-Führer sich untereinander wie hoch sie den Hopfen einkaufen wollen, verbinden, und wer dawider handelt unter sich strafen: So wolten wir

[1]) Max Weber a. a. O. S. 63 ff., 99 ff, 163 ff u. a; Brentano a. a. O. II S. 5 ff.

[2]) Sombart a. a. O. I S. 369; Adam Smith, Wealth of Nations I 10, 2 S. 125; Sombart II S. 924 ff, 928 ff.; Schmoller, Volkswirtschaftslehre I S. 85; Bücher im GDS, 2. Aufl., I 1 S. 15; Philippovich ebenda S. 131; Vogelstein ebenda VI S. 219; Martin, La grande industrie en France sous le règne de Louis XV (Paris 1900) S. 2 ff., 30 ff., 34 ff.

[3]) Vgl. Max Weber, GDS. ,2. Aufl., III 2 S. 744 ff.; Brentano a. a. O. II S. 6 ff, 213 ff.; Jahn, Handwörterbuch der Staatswissenschaften, Artikel „Merkantilismus" VI S. 548 ff.

[4]) Schmoller, Volkswirtschaftslehre I S. 85.

solch schädliche Monopolia nicht dulden, sondern durch öffentliche Edicta verbiethen, auch dem Magistrat jedes Orths anbefehlen, hierunter mit Fleiss zu inquirieren und die Delinquenten gebührlich darüber zu strafen.

Und weil auch Klagen eingekommen, daß die Tuchmacher einen Preis der Wolle setzten, was sie nemlich den Edelleuten, Priestern, Bauern und Hirten vor einen Stein Wolle geben wollen, als wurde ferner in gedachtem Recesses Anhang § 5 gesetzet: An denen Monopoliis und dass etzliche Handelsleute und Handwercker wegen Korns-, Viehs- und Woll-Kauf etc. zu Schaden ihres Nechsten unziemliche Verknüpfungen machen, tragen wir keinen Gefallen, es soll auch solches hiemit verbothen sein. . . ." [1])

Der Rezeß will also verhindern, daß eine nützliche Produktion, wie der Getreide- oder Hopfenanbau oder die Schafzucht, durch gewinnsüchtige Händlervereinbarungen unlohnend gemacht und so eingeschränkt wird. Daß dieses Ziel mit den Grundsätzen des Merkantilismus durchaus in Einklang steht, ist offenbar.

2. Auf der anderen Seite aber werden die Monopolvereinbarungen überall da anerkannt, wo ihre volkswirtschaftliche Notwendigkeit klarliegt. In dieser Beziehung ist bereits das sogenannte Toledaner Mandat Karls V. vom 13. Mai 1525 und seine Begründung interessant.[2]) Für die deutsche Wirtschaft — so heißt es dort — bedeuten die verschiedenen im Heiligen Römischen Reich und deutschen Land bestehenden Bergwerke einen außerordentlich großen Schatz. Sie gewähren einigen hunderttausend Menschen Nahrung und bringen Geld ins Land. Ferner mehren sie das Einkommen der Fürsten und Herren ganz erheblich. Daher müsse der Bergwerksbetrieb und seine Unterhaltung mit allen geeigneten Mitteln gefördert werden. Von allen Maßnahmen zur Förderung des Bergbaues aber bestehe die beste darin, die geförderten Metalle zu einem guten und gleichmäßigen Preise zu verkaufen. Denn dadurch würden die Gewerken zu lebhaftem und immer sich ausbreitendem Betriebe angespornt. Wo dagegen die Metalle zu Schleuderpreisen an den Markt kämen, gerieten die Bergwerke in Verfall. Übrigens werde nur ein kleiner Teil der geförderten Metalle, namentlich an Kupfer und Quecksilber, in Deutschland verkauft; zum allergrößten Teil würden sie exportiert, so daß ein hoher Preis dem deutschen Verbraucher nicht schade, um so mehr, als es sich nicht um Gegenstände des unmittelbaren Lebensbedarfs handle.

Deswegen bestimmt das Mandat, daß die Bergwerksbesitzer sich keines strafbaren Monopolvergehens schuldig machen, wenn sie ihre Bergbauprodukte nur an eine oder wenige Hände verkaufen oder sonstige monopolistische Verträge mit den Käufern abschließen. Die gleiche Berechtigung wird auch denjenigen gewährt, welche nicht selber Bergbau treiben, sondern die Bergbauprodukte auf Grund von Gerechtigkeiten oder Verträgen erhalten. Damit war in Deutschland das Monopolverbot für den gesamten Bergbau aufgehoben.

---

1) Strieder S. 201.

2) Strieder S. 375 ff.

Ähnliche Gedanken wiederholen sich an den verschiedensten Stellen. Beispielsweise begründet Herzog Georg von Sachsen in dieser Weise ein Monopol des Zinnkaufs, das er am 20. Dezember 1520 einer Gesellschaft des Zinnkaufs verleiht.[1]) Ferner finden sich jene Gedanken in einem Brief Ferdinands I., den er am 21. Januar 1548 an Anton Fugger schreibt, um ihn zum Abschluß des obenerwähnten Kupferkartells mit der Firma Manlich zu bestimmen.[2])

3. Finden wir hiernach gerade auf dem Gebiete des Bergbaus schon in allerfrühester Zeit die Grundgedanken des Merkantilsystems in ihrer Anwendung auf Kartelle klar zum Ausdruck gebracht, so ist es kein Wunder, daß auf dem Gebiete des Bergbaus sich auch die weitere Entwicklung am deutlichsten abzeichnet. Wenn es nach dem Merkantilsystem Aufgabe des Staates ist, überall das Zuviel und Zuwenig der Produzierenden zu hindern, so führt nur ein kleiner Schritt von der Freigabe der Kartelle zu einer zwangsweisen Errichtung, sofern letztere aus volkswirtschaftlichen Gründen zweckmäßig erscheint. Der Gedanke der Zwangskartellierung lag um so näher, als man im Zunftwesen genügende Vorbilder einer öffentlichrechtlichen Regelung des Gewerbes besaß, wenn sie auch aus anderem Geiste entstanden war. Die Zünfte selbst verwandelten sich ja unter der Herrschaft des Merkantilsystems in Anstalten zur Beförderung des Gewerbewesens, denen der Staat zur besseren Erreichung dieses Zweckes die Rechte einer öffentlichen Körperschaft verliehen hatte.[3])

Das erste Beispiel einer zwangsweisen Kartellierung, das mir bekanntgeworden ist, enthält das oben bereits zitierte Privileg Georgs von Sachsen für die Gesellschaft des Zinnkaufs vom 20. Dezember 1520. Und zwar enthält dieses Privileg interessanterweise bereits die beiden modernen Formen des Zwangskartells, einerseits das als „diktierter Vertrag" ohne Zustimmung der Vertragschließenden vom Staat errichtete, andererseits das „freiwillig", jedoch unter staatlichem Drucke gegründete Zwangssyndikat. Jenes Privileg unterscheidet nämlich zwischen den Zinnbergwerken innerhalb des Fürstentums Sachsen, namentlich auf dem Aldenberg, die unmittelbar der Staatshoheit unterstehen, und dem Bergbau auf dem Muckenberge, der außerhalb des Landes, jedoch zu einem beträchtlichen Teil von Untertanen des Herzogs betrieben wurde. Bezüglich des innerhalb des Landes betriebenen Bergbaus wird angeordnet, daß die Gewerken das Zinn für die nächsten drei Jahre der Gesellschaft des Zinnkaufs zu einem bestimmten Preise zu verkaufen hätten. Bezüglich des Bergbaus auf dem Muckenberge dagegen wird mitgeteilt, daß die dem Herzog untertänigen Gewerken sich bereit erklärt hätten, auch das dort geförderte Zinn der Gesellschaft des Zinnkaufs abzuliefern. Den Gewerken, die nicht im Lande ansässig sind, wurde freigestellt, das Mucken-

[1]) Strieder S. 424.
[2]) Strieder S. 500.
[3]) Gierke, Genossenschaftsrecht I S. 922.

bergische Zinn außerhalb des Landes nach Gutdünken zu verkaufen. Wenn sie es aber innerhalb des Landes verkaufen wollten, so sollten sie verpflichtet sein, es der Gesellschaft abzuliefern.

Ähnliche Bildungen finden wir bald darauf auch in England. Im Kohlenbergbau von Newcastle hatte eine Gesellschaft freier Bürger (free hostmen) die Kohlenförderung und den Kohlenhandel der dortigen Gruben organisiert. Um sich gegen die Vorwürfe der Monopolisierung zu schützen, setzte diese Bruderschaft der Free Hostmen es durch, daß sie am 22. März 1600 von der Königin zu einer inkorporierten Gilde erhoben wurde, der auch das ausschließliche Recht verliehen wurde, Kohle an Schiffe auf dem Tyne zu verkaufen, wogegen sie sich verpflichtete, der Königin eine gewisse Abgabe zu zahlen.[1]) Auch in anderen Gewerbezweigen wurden nicht nur Monopole an Einzelpersonen verliehen, sondern auch an Korporationen, welche sich dadurch zu einem Mittelding zwischen Zunft und Zwangskartell auswuchsen.[2])

In Deutschland wurde das System der Zwanssyndizierung besonders im Bergbau unter der Herrschaft des Direktionsprinzips entwickelt. Hier bestand es bis ins 19. Jahrhundert. Noch am 24. Mai 1783 ordnet eine preußische Instruktion für das Cleve-Mörs- und Märkische Bergamt an, daß keine neuen Steinkohlenwerke in Betrieb gesetzt werden sollen, bis sich daran ein Mangel zeigt. Anderenfalls sei zu befürchten, daß der Preis sich durch die Konkurrenz der vielen Zechen vermindern werde und eine Zeche der anderen ihren Absatz streitig mache. Wünschenswert sei aber, daß jede der Zechen einen verhältnismäßig sicheren Absatz erwarten könne.[3]) Im Siegerland bestand Ende des 18. Jahrhunderts bis zur Mitte des 19. Jahrhunderts eine komplizierte Organisation der Hütten- und Hammerwerke, die zwar während der Zeit der Franzosenherrschaft aufgelöst war, im Jahre 1813 aber wiederhergestellt wurde. Hiernach war es verboten, innerhalb des Fürstentums Siegen neue holzkonsumierende Hüttenwerke anzulegen. Die Produktion der bestehenden Hochöfen und Hüttenwerke war kontingentiert. Jedes Werk hatte eine bestimmte Anzahl von „Hütten- und Hammertagen", an denen es jährlich arbeiten durfte. Diese Beteiligungsziffer konnte jedoch übertragen werden, wenn das übertragende Werk gleichzeitig stillgelegt wurde.[4])

Außerhalb des Bergbaues bestand in Deutschland eine Zwangskartellierung bis zum Beginn des 19. Jahrhunderts im Stahldrahtgewerbe von Altena.[5]) Nach dem Statut von 1764 handelt es sich um ein Einkaufs- und Verkaufssyndikat mit Kontingentierung. Durch die Einführung des französischen Rechts nahm die Organisation praktisch ein Ende.

---

[1]) Levy, Monopole usw. S. 20 ff., Schmollers Jahrb. 1907 S. 1102 ff.

[2]) Vgl. E. F. Churchill, Monopolies, Law Quarterly Review 1925 S. 275 ff., 287 ff.; Sanderson a. a. O. S. 87 ff.

[3]) Levy, Monopole S. 67.

[4]) Levy, Monopole S. 71 ff.

[5]) Levy a. a. O. S. 77 ff.; von der Heiden, Kartellrundschau 1926 S. 216 ff., der die Statuten des Syndikats von 1764 mitteilt.

III.

Eine grundsätzlich andere Einstellung der Gesetzgebung ergab sich aus dem Gedanken der wirtschaftlichen Freiheit des Individuums.

1. Dieser Gedanke hat seinen Ursprung in England gefunden.[1]) Kap. 29 der Magna Carta vom Jahre 1225 ordnete an, daß kein freier Mann seiner Freiheiten (libertates) beraubt werden solle.[2]) Zu den Freiheiten, die dem freien Engländer durch die Magna Carta garantiert wurden, rechnete man in erster Linie die Freiheit der gewerblichen Betätigung. Die Magna Carta bildete daher die rechtliche Grundlage des vom Parlament und den Gerichten gegen die Monopolpolitik der englischen Könige geführten Kampfes. Es wurde bereits erwähnt, daß gerade in England mit der Berechtigung der Krone zur Verleihung von Privilegien und Monopolen ein ganz besonders grober Mißbrauch getrieben wurde.[3]) Von dem ursprünglichen Grundgedanken solcher Monopole, nämlich dem Ziel, die Entstehung neuer Industrien in England zu fördern, blieb in der Praxis nicht viel übrig. Es blieb lediglich die Fernhaltung der nicht privilegierten Bürger von legitimer gewerblicher Betätigung. Das sah man als widerrechtlich an, weil es gegen die liberty of the subject verstieß. Das berühmte Urteil in dem Monopolfall Darcy v. Allin (1602)[4]) begründet die Unzulässigkeit eines jeden staatlich verliehenen Monopols nicht bloß rechtlich, sondern auch wirtschaftlich und führt drei Nachteile von Monopolen auf: Der Preis der monopolisierten Ware steige, da der Monopolinhaber den Preis nach seinem Belieben (as he pleases) festsetzen könne. Ferner sinke die Qualität der monopolisierten Ware, da der Inhaber des Privilegs nur auf seinen eigenen Vorteil und nicht auf den der Allgemeinheit bedacht sei. Schließlich habe das Monopol die Verarmung der Gewerbetreibenden zur Folge, welche bis dahin die monopolisierte Ware hergestellt und damit sich und ihre Familie ernährt hatten. Diese nunmehr ausgeschlossenen Gewerbetreibenden würden gezwungen, in Untätigkeit und von Bettelei zu leben.[5])

Der Kampf gegen die staatlichen Monopolverleihungen war durch das Urteil Darcy v. Allin noch nicht entschieden. Im Jahre 1624 kam infolge neuer Monopolverleihungen durch die Krone das bekannte Monopolstatut zustande, welches alle Monopolverleihungen mit Aus-

[1]) Vgl. v. Philippovich im GDS. I 1 S. 137.

[2]) Moller, Voluntary covenants in restraint of trade (London 1925) S. 2.

[3]) Brentano a.a.O. II S. 24 ff.; E. F. Churchill a.a.O.; Sanderson, Restraint of trade (London 1926) S. 87 ff.

[4]) II Coke Rep. 84 b; ferner English Reports 77 S. 1260; auszugsweise in Websters Patent Cases I S. 1 ff.

[5]) Das Urteil beschränkte die Zulässigkeit von Monopolen auf die Fälle neuer Erfindungen und wurde damit der Ausgangspunkt des modernen Patentrechts.

nahme von Erfindungspatenten für nichtig erklärte.[1]) Gleichwohl zog sich der Kampf noch bis zum Ende des 17. Jahrhunderts hin. Die Erinnerung an diesen jahrzehntelangen Kampf gegen die Monopolverleihungen der Krone blieb im englischen Volk dauernd lebendig.[2])

Auch in Deutschland und Frankreich finden wir eine Gegenbewegung gegen die Monopolverleihung. Beispielsweise verspricht Kaiser Franz II. in Art. VII § 3 seiner Wahlkapitulation von 1792, er werde

> „keineswegs auch jemandem einige Privilegia auf Monopolia, es geschehe solches bei Kauf, Handel, Manufakturen, Künsten und anderen in das Polizeiwesen einlaufenden Sachen, oder wie es sonst Namen haben möge, erteilen, sondern, da dergleichen erhalten, dieselben als den Reichssatzungen zuwider, abthun und aufheben".[3])

Jedoch trat die Gegenbewegung in Deutschland und Frankreich, wo die Mißbräuche des Monopolwesens anfänglich nicht so stark in die Erscheinung traten und der Absolutismus politisch gefestigter war als in England, in der Hauptsache aus anderem, aber innerlich verwandtem Anlaß ein.

In Frankreich richtete sie sich etwa vom Beginn des 18. Jahrhunderts an gegen das geradezu phantastische Maß behördlicher Reglementierung des Gewerbes. Ganz allgemein lag dem Merkantilismus ja die Vorstellung zugrunde,

> „als ob es lediglich von der Intelligenz und Energie der Herrschenden abhänge, um durch wirtschaftspolitische Maßnahmen jedwedes gewollte Ziel zu erreichen".[4])

Diese Auffassung führte zu einer heute kaum noch vorstellbaren Einmischung des Staates in das Wirtschaftsleben.[5])

Demgegenüber stützte sich die Ende des 17. Jahrhunderts einsetzende Gegenbewegung in erster Linie auf die Überzeugung, daß der Gewerbetreibende auf Grund seiner Praxis sein Geschäft im allgemeinen besser verstehen werde als der ihn gängelnde Beamte. Schon im Jahre 1693 schreibt der Intendant de Marillac:

> „Le plus grand secret (pour soutenir les manufactures) est de laisser toute liberté dans le commerce; les hommes s'y portent assez par leur intérêts et il n'y a qu'à soutenir et faciliter les manufactures établies. Jamais elles n'ont si fort dépéri dans le royaume, et le commerce aussi, que depuis qu'on s'est mis en tête de les augmenter par les voies d'autorité." [6])

[1]) 21 Jac. I c. 3; abgedruckt bei Kohler-Mintz, Patentgesetze aller Völker, Bd. I S. 8; dazu Brentano a.a.O. II S. 26.

[2]) Levy, Monopole, Kartelle und Trusts S. 55 ff., 57; Churchill a.a.O.; Jenks, The Trust problem (New York 1925) S. 241 ff.

[3]) Vgl. Emminghaus a.a.O. S. 596. Struve (a.a.O. S. 1586) spricht bereits im Jahre 1718 von der Gefahr, daß der Fürst die Verleihung von Monopolen zur Füllung seiner Kasse mißbraucht.

[4]) Brentano a.a.O. II S. 7.

[5]) Sombart a.a.O. I S. 386 ff.

[6]) Martin a.a.O. S. 30; vgl. ferner S. 2 ff., 34 ff., 221 ff.; Babled a.a.O. S. 124.

Das ist bereits in nuce die Lehre der Physiokraten vom ordre naturel, wonach in aller Regel das Eigeninteresse den Menschen veranlasse, im Interesse der Gesamtheit tätig zu werden, und es daher am besten sei, innerhalb weiter Grenzen es dem einzelnen zu überlassen, was und wie er produzieren wolle.[1])

Ganz drastisch äußerte sich Napoleon bei der Beratung des Berggesetzes von 1810, das für Frankreich das Direktionsprinzip abschaffte, es sei ein großer Fehler, wenn eine Regierung zu väterlich sein wolle.

> „Il serait absurde que de petits ingénieurs, qui n'ont rien que la théorie, vinssent maîtriser des gens expérimentés et qui exploitent leur propre chose." [2])

Endlich knüpfte die Gegenbewegung auch an die Auswüchse des Zunftwesens an, wie sie uns beispielsweise Gierke geschildert hat.[3]) Die Zünfte dienten nicht mehr der Reinhaltung des Gewerbes, sondern überboten sich in schikanösen Maßnahmen, die schließlich nur noch der Ausfluß eines häßlichen Brotneides waren. Mit Rücksicht hierauf wurde die durch Aufgebung der Zünfte bewirkte Gewerbefreiheit ursprünglich in erster Linie als eine Befreiung des Individuums von den beengenden Fesseln staatlicher oder korporativer Bindung aufgefaßt.

Die Befugnis, ein beliebiges Gewerbe zu betreiben, galt hiernach als ein bürgerliches Freiheitsrecht.[4]) Beispielsweise sagt das Urteil Darcy v. Allin:

> "Every man's trade maintains his life, and therefore he ought not to be deprived and dispossessed of it, no more than of his life."

Und bei Adam Smith[5]) findet sich folgender bezeichnender Passus:

> "The property which every man has in his own labour, as it is the original foundation of all other property, so it is the most sacred and inviolable. The patrimony of a poor man lies in the strength and dexterity of his hands; and to hinder him from employing this strength and dexterity in what manner he thinks proper without injury to his neighbour, is a plain violation of this most sacred property. It is a manifest encroachment upon the just liberty both of the workman, and of those who might be disposed to employ him."

---

[1]) Bücher, GDS. I 1 S. 15; Schumpeter ebenda S. 49; v. Philippovich ebenda S. 138; Sieveking, GDS. VI S. 19.

[2]) Vgl. Achenbach, Zeitschrift für Bergrecht S. 239 ff.

[3]) Gierke a. a. O. I S. 917 ff.; vgl. ferner Struve a. a. O. S. 1588; Köttgen a. a. O. S. 1007; Chastin, Les trusts et les syndicats de producteurs (Paris 1909) S. 4 ff.; Babled, Les syndicats de producteurs et détenteurs de marchandises (Paris 1892) S. 120 ff.

[4]) Gierke a. a. O. I S. 645 ff., 949 ff.; Sieveking, GDS. VI S. 19. In Frankreich datiert die Gewerbefreiheit von 1791, in Preußen von der Stein-Hardenbergschen Gesetzgebung, insbesondere dem Edikt vom 9. Oktober 1807 (vgl. im einzelnen Köttgen a. a. O. S. 1007 ff., S. 1044).

[5]) The Wealth of Nations T. I Kap. 10 Abschn. 2 S. 123 (Ausgabe von Cannan).

2. Wie gezeigt, war der wirtschaftliche Individualismus seinem Ursprung nach eine Reaktion gegen öffentlichrechtliche Freiheitsbeschränkungen.[1]) Den noch heute in England bestehenden Widerwillen gegen alle industriellen Monopole führt Levy[2]) denn auch ausdrücklich auf den Kampf gegen die staatlichen Monopolverleihungen des 17. Jahrhunderts zurück. Erst allmählich gelangte man dazu, auch privatrechtliche Verträge, welche der gewerblichen Freiheit des einzelnen Fesseln anlegten, für unzulässig zu erklären.

Am frühesten vollzog sich auch dieser Vorgang in England, wo die allgemeine Fassung der Magna Carta und ihre weitgehende Auslegung die geeignetste Grundlage hierfür boten. Auf Grund der Magna Carta erklärte man zunächst Verträge für unzulässig, durch die gewerbliche Angestellte oder Lehrlinge verpflichtet wurden, das Gewerbe des Meisters nicht auszuüben. Im Anschluß hieran entwickelte sich die ausgebreitete Rechtsprechung über die Unzulässigkeit des restraint of trade.[3]) Daneben griff gelegentlich auch die Gesetzgebung ein. Im Jahre 1711 wurden in England bei Meidung schwerer Strafe Vereinbarungen zum Zwecke der Monopolisierung des Kohlenhandels verboten.[4])

Aber auch in Frankreich beobachten wir den gleichen Zusammenhang zwischen dem Verbot vertraglicher Monopolvereinbarungen und der Abneigung gegen die früheren öffentlichrechtlichen Gewerbebeschränkungen, namentlich gegen die Zunftverfassung. Ein französisches Gesetz vom 14. / 17. Juni 1791 hat folgenden Inhalt:

> „Art. 1. — L'anéantissement de toutes espèces de corporations de citoyens du même état et profession étant l'une de bases fondamentales de la Constitution française, il est défendu de les rétablir de fait sous quelques prétexte et sous quelques forme que ce soit.
>
> Art. 4. — Si, contre les principes de la liberté, et de la Constitution, des citoyens attachés aux mêmes professions, arts et métiers prenaient des délibérations ou faisaient entre eux des conventions tendant à refuser de concert ou à n'accorder qu'à un prix déterminé le secours de leur industrie ou de leurs travaux, lesdites délibérations ou conventions sont déclarées inconstitutionelles, attentatoires à la liberté et à la déclaration des droits de l'homme et de nul effet: ... les auteurs, chefs et instigateurs ... seront condamnés, chacun par le tribunal de police de la commune à 500 livres d'amende, et suspendus pendant un an de l'exercice de tous droits de citoyens actifs.“ [5])

---

[1]) Vgl. v. Tyszka in der Festgabe für Brentano (München 1925) I S. 55; Dobretsberger, Konkurrenz und Monopol (Leipzig 1929) S. 9.

[2]) Levy a. a. O. S. 57.

[3]) Die geschichtliche Entwicklung dieser Rechtsprechung ist dargestellt bei Moller S. 3 ff.; vgl. ferner Koch, Englisches Kartellrecht S. 6 ff.

[4]) 9 Anne c. 28; Levy, Monopole, Kartelle und Trusts S. 94.

[5]) Collection générale des lois etc. (Paris 1792) IV S. 1210; Babled a. a. O. S. 125.

Das Dekret betrachtet also offenbar kartellartige Verabredungen als den Versuch, auf Umwegen die Zunftverfassung wiederherzustellen, und demnach als einen Eingriff in die verfassungsmäßig gewährleistete Freiheit. Die allgemeine staatsrechtliche Auffassung der damaligen Zeit ging dahin, daß zwischen den Staat und das Individuum sich kein Zwischenglied einschieben sollte, insbesondere kein Glied, das auch nur im entferntesten an die bisherige Zunftverfassung erinnerte.[1]) Diesen Gedanken bringt der Berichterstatter Le Chapelier in der Verfassunggebenden Nationalversammlung deutlich zum Ausdruck, wenn er sagt:

> „Sans doute il doit être permis à tous les citoyens de s'assembler; mais il ne doit pas être permis aux citoyens de certaines professions de s'assembler pour leurs prétendus intérêts communs: il n'y a plus de corporations dans l'Etat, il n'a plus que l'intérêt particulier de chaque individu et l'intérêt général. Il n'est permis à personne d'inspirer aux citoyens un intérêt intermédiaire et de les séparer de la chose publique par un esprit de corporation." [2])

Die Lehre von der Unzulässigkeit des vertraglichen restraint of trade und die ihr parallellaufenden Rechtserscheinungen auf dem Kontinent hängen somit nicht mit der Lehre des sogenannten Manchestertums zusammen, sondern gehen auf den Gedanken der Freiheit des Individuums zurück.[3]) Das ergibt schon die rein zeitliche Betrachtung. Die Lehre von der Unzulässigkeit des restraint of trade ist wesentlich älter als das Manchestertum. Die frühesten Entscheidungen in dieser Richtung datieren aus dem 15. Jahrhundert [4]) und werden im 17. Jahrhundert sehr zahlreich, also zu einer Zeit, wo von der Lehre des Manchestertums noch keine Rede sein kann. Diese hat sich bekanntlich erst im Anschluß an Adam Smith entwickelt,[5]) und sein epochemachendes Werk, Inquiry into the nature and causes of the wealth of nations, ist 1776 erschienen. Ihre Vollendung aber hat sie erst in der ersten Hälfte des 19. Jahrhunderts, vor allem in den Schriften von John Stuart Mill, erhalten. Die Bekämpfung öffentlicher und privatrechtlicher Kartellorganisationen durch das Verbot des restraint of trade geschah also im Namen der persönlichen Freiheit als eines Grundrechts des Menschen und nicht auf Grund der Lehre von den heilbringenden Wirkungen der freien Konkurrenz. Nicht weil sie die Konkurrenz ausschlossen, wurden Kartelle bekämpft, sondern weil sie

[1]) Gierke I S. 645 ff., 909; Steinbach, Rechtsgeschäfte der wirtschaftlichen Organisation S. 161; Bücher, GDS. I 1 S. 15.

[2]) Babled a. a. O. S. 126.

[3]) Vgl. Henderson, Federal Trade Commission (New Haven 1924) S. 3.

[4]) Dier's case aus dem Jahre 1414; vgl. Moller a. a. O. S. 3. Vgl. über die Anfänge individualistischer Anschauungen in England Brentano, a. a. O. II S. 142 ff.

[5]) Vgl. z. B. v. Philippovich im GDS. I 1 S. 141; v. Wiese, Handwörterbuch der Staatswissenschaften, Artikel „Konkurrenz" V S. 826 ff.

die Freiheit der Mitglieder beschränkten. Der Gedanke des Schutzes der Verbraucher hat höchstens sekundäre Bedeutung.

Das zeigt sich auch darin, daß die englische Gerichtspraxis schon früh dazu überging, die Lehre von der Unzulässigkeit des restraint of trade zu mildern. Den äußeren Anlaß dazu geben die Fälle, in denen Konkurrenzverbote im Anschluß an den Verkauf eines Geschäfts auferlegt wurden. Der praktische Sinn des englischen Richters konnte sich nicht der Tatsache verschließen, daß Konkurrenzverbote im Zusammenhang mit dem Verkauf von Geschäften eine wirtschaftliche Notwendigkeit und keineswegs ein Verstoß gegen die persönliche Freiheit des einzelnen sind.[1]) Die allgemeine Formulierung, welche die englische Rechtsprechung fand, ging dahin, daß ein Vertrag, der das Recht zum Gewerbebetrieb beschränkt, dann zulässig ist, wenn er gegen eine Gegenleistung (consideration) eingegangen und außerdem reasonable ist. In dem Falle Mitchell v. Reynolds aus dem Jahre 1711 sind acht Grundsätze formuliert, deren für uns wichtige wie folgt lauten:

> 1st, That to obtain the sole exercise of any known trade throughout England, is a complete monopoly, and against the policy of the law.
>
> 2dly, That when restrained to particular places or persons (if lawfully and fairly obtained), the same is not a monopoly. . . .
>
> 8thly, That a particular restraint is not good without just reason and consideration."

In der Begründung macht der Richter, Lord Macclesfield, folgende Ausführungen:

Verträge, die auf general restraint of trade hinauslaufen, sind um deswillen zu mißbilligen, weil sie für die Vertragspartei den Verlust ihres Lebensunterhalts zur Folge haben und die Allgemeinheit der Arbeit eines nützlichen Mitgliedes der Gesellschaft berauben. Auch können derartige Verträge von Korporationen benutzt werden, um sich den ausschließlichen Vertrieb einer Ware zu verschaffen und ihn auf wenige Hände zu beschränken, desgleichen von Meistern, um ihre Lehrlinge mit Hilfe von Verträgen am Emporkommen zu hindern. Andererseits gibt es Fälle, in denen Verträge in restraint of trade nützlich und wohltätig sind, beispielsweise um zu verhindern, daß ein bestimmter Gewerbezweig in einer Stadt überbesetzt wird (to prevent a town from being overstocked with any particular trade). Das sind sicherlich Gedankengänge, welche dem Manchestertum mit seiner Glorifizierung des wirtschaftlichen Kampfes ums Dasein durchaus fernliegen. Der Umstand, daß die englische Lehre vom restraint of trade auf den Gedanken der Freiheit des Individuums von rechtlichen, namentlich von öffentlichrechtlichen Bindungen zurückgeht, erklärt auch, daß das englische Recht seit jeher den Kampf eines Kartells gegen einen Außenseiter in recht weiten Grenzen zuläßt, nämlich stets

[1]) Mitchell v. Reynolds (1711) 1 Peere Williams 181; English Reports 24 S. 347 ff.

dann, wenn dieser Kampf nicht lediglich zum Zwecke der Schädigung des Außenseiters geführt wird, vielmehr die Förderung und den Schutz des eigenen Gewerbes bezweckt.[1])

IV.

Die wirtschaftlich schwierige Zeit der Französischen Revolution und der Koalitionskriege zeitigte in Frankreich und Österreich ein Wiederaufleben der Wuchergesetzgebung.

In Frankreich wurde damals art. 419 Code pénal erlassen, der mit nicht sehr wesentlichen, durch Gesetz vom 3. Dezember 1926 herbeigeführten Änderungen noch in Kraft ist.

Art. 419 lautet in der damaligen Fassung:

> „Tous ceux qui, par des faits faux ou calomnieux semés à dessein dans le public, par des suroffres faites aux prix que demandaient les vendeurs eux-mêmes, par réunion ou coalition entre les principaux détenteurs d'une même marchandise ou denrée, tendant à ne la pas vendre ou à ne la vendre qu'à un certain prix, ou qui, par des voies ou moyens frauduleux quelconques, auront opéré la hausse ou la baisse du prix des denrées ou marchandises ou des papiers et effets publics au-dessus ou au-dessous des prix qu'aurait déterminés la concurrence naturelle et libre du commerce, seront punis d'un emprisonnement d'un mois au moins, d'un an au plus, et d'une amende de 500 francs à 10 000 francs."

Art. 419 Code pénal ist aus dem oben zitierten Dekret vom 14./17. Juni 1791 hervorgegangen. Das Koalitionsverbot dieses Dekrets ist in ihm mit den strengen Wuchervorschriften des Dekrets vom 28. Juli 1793 vereinigt, welch letzteres den Wucherern vorübergehend sogar Todesstrafe androhte.[2]) Das entscheidende Tatbestandselement ist die Preissteigerung (auront opéré la hausse ou la baisse du prix des denrées). Die réunion ou coalition, von der Art. 419 spricht, ist nur eine bestimmte Art von „unlauteren Machenschaften" (voies ou moyens frauduleux), welche die Preissteigerung strafbar machen. Andere Arten, die das Gesetz ausdrücklich aufführt, sind die Verbreitung unwahrer Gerüchte im Publikum, Übergebote usw. Der Einfluß von Adam Smith und seiner Schule zeigt sich nur darin, daß als angemessen derjenige Preis betrachtet wird, den die natürliche und freie Konkurrenz des Handels ergeben würde.

Gleiches gilt von dem österreichischen Recht. Das österreichische Strafgesetzbuch von 1803 bestimmt:

> „Die Verabredungen von mehreren oder sämtlichen Gewerbsleuten eines Gewerbes in der Absicht, den Preis einer Ware oder

[1]) Sorell v. Smith vom 15. Mai 1925, Kartellrundschau 1926 S. 268.

[2]) Vgl. Babled a. a. O. S. 126 ff.; Mazeaud, Le délit de l'altération des prix (Paris 1927) S. 3.

einer Arbeit zum Nachteil des Publikums zu erhöhen oder zu ihrem eigenen Vorteil herabzusetzen oder um Mangel zu verursachen ist als eine schwere Polizeiübertretung zu bestrafen." [1])

Dieser Vorschrift entspricht sachlich vollkommen der heute noch in Österreich und der Tschechoslowakei geltende § 4 des österreichischen Koalitionsgesetzes von 1870. Im übrigen hat das Koalitionsgesetz noch den Inhalt der Art. 414 bis 416 des französischen Code pénal übernommen, die sich gegen Lohnverabredungen von Arbeitgebern und Arbeitnehmern richten.

Das französische und österreichische Beispiel wurde im kaiserlichen Rußland gegen Ende des 19. Jahrhunderts befolgt. Sowohl das Strafgesetzbuch von 1885 wie das neue Strafgesetzbuch von 1903 enthielten Strafandrohungen gegen wucherische Preisvereinbarungen von Kaufleuten und Produzenten. Das StGB. von 1885 richtete sich in seinen Art. 913 und 1180 allgemein gegen Abreden, welche auf Preissteigerung von Lebensmitteln und Bedarfsgegenständen abzielten, sowie ferner gegen Vereinbarungen über unangemessene Preisherabsetzung, wenn diese zu dem Zweck erfolgen, eine Versorgung mit den zunächst verbilligten Waren zu verhindern. Das Gesetz von 1903 beschränkte die Strafandrohung in seinem Art. 242 auf den Fall außergewöhnlicher Preissteigerung in Gegenständen des dringenden Bedarfs.[2])

Daß in einer Periode, in der kein anderes Land an die Einführung ähnlicher Vorschriften dachte, Rußland derartige Gesetze erließ, erklärt sich zwanglos aus den besonderen Verhältnissen des russischen Riesenreiches, wo infolge der Mangelhaftigkeit der Verkehrsmittel bald hier, bald dort eine lokale Hungersnot auftrat. Es ist bezeichnend, daß um die Jahrhundertwende, als der Ausbau des russischen Eisenbahnnetzes Fortschritte machte, ein Abbau der Wuchergesetzgebung erfolgte.

Wie fernliegend der deutschen Ideenwelt in der Vorkriegszeit der Gedanke einer Kartell- und Monopolbekämpfung durch strafrechtliche Wuchervorschriften erschien, zeigt die Tatsache, daß ein Standardwerk wie die „Vergleichende Darstellung des deutschen und ausländischen Strafrechts" in seinem Abschnitte über den Wucher [3]) Kartelle und Trusts mit keinem Wort erwähnt und die amerikanische Antitrustgesetzgebung in einer kurzen Bemerkung des Abschnitts über den gemeingefährlichen Vertragsbruch behandelt.[4])

V.

Das seit dem Beginn des 19. Jahrhunderts herrschende Manchestertum erblickt in der freien Konkurrenz der Ge-

[1]) Pick, Der Kartellvertrag nach österreichischem Recht (Wien 1909) S. 14 ff.

[2]) Englische Übersetzungen der drei Vorschriften sind bei Jenks, The Trust Problem, 4. ed. (New York 1925), in Anhang G 5 S. 478 mitgeteilt.

[3]) Besonderer Teil Bd. 8 S. 161 ff. (Berlin 1906).

[4]) Ebendort Bd. 9 S. 175 ff.

werbetreibenden das fundamentale Prinzip der Wirtschaft. Durch den ungehemmten Wettbewerb, durch den Kampf ums Dasein aller Unternehmer soll der wirtschaftliche Fortschritt gewährleistet sein. Dieser wirkt gewissermaßen kraft einer prästabilisierten Harmonie zum Wohl der Allgemeinheit. Wenn auch vielleicht schwache Konkurrenten dabei untergehen, so gilt doch auch im Wirtschaftsleben Darwins Prinzip: Fittest survives!

> „On ne défend pas le soleil, quoiqu'il brûle quelque fois la terre; il ne faut pas plus défendre la concurrence, qui est au monde industriel ce que le soleil est au monde physique." [1])

1. An sich hätte einer solchen Lehre jede Vereinbarung zur Beschränkung des freien Wettbewerbes gewissermaßen als eine Sünde wider den heiligen Geist der Wirtschaft erscheinen müssen. Sagte doch bereits Adam Smith: [2])

> "The price of monopoly is upon every occasion the highest which can be got. The natural price, or the price of free competition on the contrary, is the lowest which can be taken, not upon every occasion indeed, but for any considerable time together."

Wenn gleichwohl diese Lehre in Europa keine Kartellgesetze zeitigte,[3]) so lag das einmal daran, daß es inkonsequent gewesen wäre, zum Schutz der Wirtschaftsfreiheit die Freiheit der Wirtschafter durch ein Kartellgesetz zu beschränken.[4]) Außerdem erzeugte nach der Lehre des Manchestertums der wirtschaftliche Egoismus der Individuen ein natürliches Gegengift gegen solche Verabredungen, so daß sie irgendeinen bedenklichen Umfang nicht annehmen konnten. Schon der Herausgeber von Adam Smith, Buchanan, schrieb:

> „Keine Gemeinschaft von Gewerbetreibenden kann jemals eine wirksame Vereinigung gegen das Publikum schaffen, da alle solche Vereinbarungen durch das partielle Interesse der beteiligten Individuen zersprengt werden. Kein Gewerbetreibender wird seine Preise zu Gunsten anderer hochhalten. ... Dasselbe Prinzip des Eigennutzes, welches die Gewerbetreibenden vielleicht veranlaßt, eine Liga zu bilden, veranlaßt sie auch, diese wieder zu lösen. Gewerbetreibende Rivalen haben kein Vertrauen zueinander. Nicht zwei von ihnen werden jemals mit Übereinstimmung handeln." [5])

Adam Smith und John Stuart Mill sahen allerdings die Möglichkeit einer Verständigung zwischen verschiedenen Unternehmern dort voraus, wo es sich um wenige Unternehmer handelt

---

[1]) Coquelin-Guillaumin, Dictionnaire d'économie politique (1852), zitiert nach Pichot, Concurrence déloyale (Paris 1924) S. 13.

[2]) Wealth of Nations I 7, Ausgabe von Cannan Bd. I S. 63.

[3]) Als Ausnahme könnte höchstens das französische Dekret vom 23. Oktober 1852 gelten, das für die Vereinigung gleichartiger Bergwerke behördliche Genehmigung fordert (R. Isay, Rechtsvergleichendes Bergrecht, S. 45; Mazeaud, Le Problème des Unions de Producteurs (Paris 1924) S. 263.

[4]) The course of trade cannot be made free by obstructing it and an individuals right to trade cannot be protected by destroying such right. (U. S. Supreme Court 221 US 56.)

[5]) Levy S. 89.

oder die Gründung neuer Gesellschaften schwierig ist.[1]) Doch erblickten auch sie darin Ausnahmefälle, die keinen gesetzlichen Eingriff rechtfertigten.

Dieser Auffassung entsprach es, daß fast überall die noch aus der frühkapitalistischen Zeit bestehenden Schranken fielen. Die etwa noch vorhandenen Zwangsorganisationen wurden beseitigt. Speziell das Direktionssystem des Bergbaus verschwand in Preußen durch das sogenannte Miteigentümergesetz vom 12. Mai 1851. In England wurden 1844 die alten Wuchergesetze aufgehoben.[2]) In Belgien, wo der Code Napoléon galt, strich man im Jahre 1861 bei Erlaß eines neuen Strafgesetzbuchs aus dem bisherigen Art. 419 Code pénal die Worte, welche sich auf die Vereinigungen zwischen Gewerbetreibenden bezogen. Der Berichterstatter begründete das folgendermaßen:

„L'abrogation partielle de l'article 419 aura cet avantage de ne pas permettre que le commerce soit inquiété. Elle contiendra en outre cet utile enseignement que la loi divorce avec des préjugés qui ont trop souvent conduit à des actes coupables: la libre concurrence détruit plus facilement les hausses factices que toutes les dispositions des lois.

Qu'on punisse la détention par un seul, c'est-à-dire l'accaparement simple, ou qu'on se borne à prohiber la coalition ayant pour but de limiter la vente pour un prix élevé, l'on chercherait en vain à justifier la peine. La rattacher au fait de la conservation des marchandises serait suivre les plus aveugles préjugés: la faire dépendre du concert des détenteurs serait s'attaquer à la faculté d'association." [3])

In Frankreich blieb Art. 419 Code pénal zwar bestehen, erfuhr aber durch die Rechtsprechung eine solch milde Auslegung, daß er praktisch fast nie mehr zur Anwendung kam, vielmehr vielfach als obsolet betrachtet wurde.[4])

Die wirtschaftliche Entwickelung gab den Grundgedanken dieser Gesetzgebung zunächst unzweifelhaft recht. Die mit wachsender Bevölkerungsdichte einhergehende Erhöhung des Lebensstandards und des Volksvermögens seit dem Ausgang der napoleonischen Kriege bis zu den Gründerjahren erscheint bei rückschauender Betrachtung märchenhaft und wesentlich gefördert von der Entfesselung aller individuellen Kräfte durch die liberale Staatsauffassung und Wirtschaftspolitik. Gleichzeitig schien das Prinzip der wirtschaftlichen Freiheit aus sich selbst heraus monopolistische Zusammenschlüsse zu verhindern. In England sind während des 19. Jahrhunderts Kartelle fast vollkommen verschwunden,[5]) und auch in Deutschland entwickeln

---

[1]) Adam Smith a.a.O. I c. 10 part. 2 S. 127; Levy a.a.O. S. 90.

[2]) Lehnich a.a.O. S. 18.

[3]) Vgl. Babled a.a.O. S. 187.

[4]) Mazeaud, Rechtliche Behandlung der Unternehmenszusammenfassungen in Frankreich (Berlin 1927) S. 53.

[5]) Levy a.a.O. S. 154 ff.

sie sich erst gegen Ende des Jahrhunderts, etwa von der Mitte der achtziger Jahre ab, als infolge des gar zu rapiden wirtschaftlichen Aufschwunges der vorhergegangenen Jahrzehnte ein Rückschlag eintrat und die Konkurrenz übergroßen Umfang annahm.[1])

2. Dagegen führten die Gedanken des Manchestertums in der Neuen Welt, vornehmlich in den Vereinigten Staaten, in Kanada und Australien, gegen Ende des Jahrhunderts zu den bekannten Antitrustgesetzgebungen.

Keine geringe Rolle spielte dabei die traditionelle Monopolfeindschaft, welche die Einwanderer aus dem Mutterlande mitnahmen und in den Verfassungen der nordamerikanischen Einzelstaaten bereits zu Ende des sechzehnten Jahrhunderts in Gestalt von formellen Monopolverboten verankerten.[2])

Einen wirtschaftlichen Grund hat Lehnich[3]) meines Erachtens richtig aufgezeigt. In den jungen Ländern, in denen eine Industrie sich erst zu entwickeln begann, blieb das Angebot dauernd hinter der Nachfrage zurück. Daher lag es für die Anbieter ziemlich nahe, ihre Machtstellung gegenüber dem Verbraucher noch durch Zusammenschluß zu stärken. Andererseits fehlte meist eine Rechtfertigung für einen solchen Zusammenschluß, welche darin besteht, daß ohne ihn bei Gleichgewicht von Angebot und Nachfrage oder vollends bei überwiegendem Angebot ein ruinöser Preiskampf einsetzt, der auch volkswirtschaftlich mehr schadet, als er nützt.

Wenn gleichwohl in Amerika und Australien die Antitrustgesetzgebung nicht zu einer Wuchergesetzgebung wurde, wie etwa in Frankreich und Österreich, so ist das aus der herrschenden Wirtschaftsgesinnung ohne weiteres erklärlich. Eine Beschränkung des Gewinns, eine Mißachtung des Großverdieners lag der damaligen Zeit und besonders den neuen Ländern völlig fern. Im Gegenteil: wer rasch Geld machte, wer als Kellner oder Kohlenträger anfing und sein Leben als Millionär beschloß, war eine hochgeachtete Persönlichkeit.[4]) Niemand dachte daran, den Gewinn des einzelnen auf irgendein „angemessenes" Maß zu beschränken. Wer im freien Wettbewerb sich zu behaupten wußte, mochte soviel verdienen, wie er wollte. Nur den freien Wettbewerb selbst sollte man unangetastet lassen, weil dessen

[1]) Vereinzelt gab es in Deutschland auch schon in der ersten Hälfte des Jahrhunderts Kartelle. Vgl. z. B. die von Stieda, Schmollers Jahrb. 1913 S. 740 ff., geschilderten Kartelle (Porzellankartell vom Jahre 1814 und Alaunsyndikat vom Jahre 1836) und den von Klotzbach, Der Roheisenverband (Düsseldorf 1926) S. 6 ff., behandelten Verein zum Verkauf von nassauischem Roheisen.

[2]) Jenks a. a. O. S. 241 ff., wo sich eine historische Darstellung der ganzen amerikanischen Antitrustgesetzgebung, namentlich auch der einzelstaatlichen Gesetze, findet.

[3]) Kartelle und Staat S. 129 ff.

[4]) Was auch der Gesinnung des in der Neuen Welt weitverbreiteten Puritanismus entsprach: Max Weber, Aufsätze zur Religionssoziologie S. 178, 215.

kräftigende Luft die Atmosphäre war, in der die junge Wirtschaft der neuen Länder allein gedeihen konnte, und der Wettbewerb eine Schädigung des Verbrauchers von selbst auszuschließen schien.[1]) Das ist der Grund, weswegen in der amerikanischen, kanadischen und australischen Antitrustgesetzgebung von dem Gewinn des Monopolisten nicht die Rede ist.[2]) Es handelt sich um die Aufrechterhaltung des freien Marktes, der den besten Schutz des Verbrauchers darstellt.

Die grundlegende Sherman-Act der USA. vom 2. Juli 1890 enthält denn auch nur folgende materiellrechtlichen Vorschriften:

> "Sec. 1. Every contract, combination in the form of trust or otherwise, or conspiracy, in restraint of trade or commerce among the several States, or with foreign nations, is hereby declared to be illegal. . . .
>
> Sec. 2. Every person who shall monopolize or attempt to monopolize, or combine or conspire with any other person or persons, to monopolize any part of the trade or commerce among the several States, or with foreign nations, shall be deemed guilty of a misdemeanor, and, on conviction thereof, shall be punished by fine not exceeding five thousand dollars, or by imprisonment not exceeding one year, or by both said punishments, in the discretion of the court."

Ähnliches bestimmt ein Gesetz des Staates New York vom Jahre 1909:[3])

> "Sec. 340. Every contract, agreement, arrangement, or combination whereby a monopoly in the manufacture, production, or sale in this state of any article or commodity of common use is or may be created, established or maintained, or whereby competition in this state in the supply or price of any such article or commodity is or may be restrained or prevented, or whereby for the purpose of creating, establishing, or maintaining a monopoly within this state of the manufacture, production, or sale of any such article or commodity, the free pursuit in this state of any lawful business, trade, or occupation is or may be restricted or prevented, is hereby declared to be against public policy, illegal and void."

Entsprechendes ordnete für den Einfuhrhandel die Wilson Tariff Act vom 27. August 1894 an.[4]) Die gleichen Vorschriften wiederholen sich in den kolonialenglischen Antitrustgesetzgebungen.

Der altenglische Begriff des restraint of trade hat also einen Inhaltswandel erfahren. Wenn die zitierten Gesetze Verträge in restraint of trade verbieten, so handelt es sich nicht mehr um den Schutz der persönlichen Freiheit. Der Gedanke, daß mit Hilfe derartiger Verträge

---

[1]) Jones, Trade association activities and the law (New York 1922) S. 23 ff. 26 ff., 29 ff; Jenks a. a. O. S. 257 ff.

[2]) Lediglich die Commercial Trust Act, 1910, von Neuseeland (Borchardt, Handelsgesetze des Erdballs XI 2 S. 653) verwendet als Merkmal des Monopolvergehens auch den überhöhten Preis und betrachtet denjenigen Preis als übertrieben hoch, der einen übermäßigen Gewinn (more than a fair and reasonable rate of commercial profit) in sich schließt (sect. 6, 8).

[3]) Borchardt, Handelsgesetze des Erdballs I, Abt. 2 S. 747.

[4]) Borchardt a. a. O. S. 736.

die alten Zünfte wieder aufgerichtet werden könnten, wäre einem Bürger der Vereinigten Staaten sicherlich absurd erschienen. Im Gegenteil hätte er voraussichtlich die Meinung vertreten, daß es ein Ausfluß seiner persönlichen Handlungsfreiheit sei, Verträge zu schließen, wie sie ihm gut dünken. Das, was hier mit dem Verbot des restraint of trade bezweckt wird, ist nicht mehr ein Schutz der persönlichen Freiheitsrechte des einzelnen, sondern die Aufrechterhaltung des freien Wettbewerbs und damit ein Schutz des Verbrauchers, dem durch den freien Wettbewerb der billigstmögliche Preis gewährleistet wird.

Die Motive des Gesetzes faßte der Oberste Gerichtshof der Vereinigten Staaten in seiner Entscheidung vom 15. Mai 1911 im Standard Oil Case [1]) denn auch folgendermaßen zusammen:

> "Without going into detail and but very briefly surveying the whole field, it may be said with accuracy that the dread of enhancement of prices and of other wrongs which it was thought would flow from the undue limitation on competitive conditions caused by contracts or other acts of individuals or corporations led, as a matter of public policy, to the prohibition, or treating as illegal, all contracts or acts which were unreasonably restrictive of competitive conditions, either from the nature or character of the contract or act where the surrounding circumstances were such as to justify the conclusion that they had not been entered into or performed with the legitimate purpose of reasonably forwarding personal interest and developing trade, but, on the contrary, were of such a character as to give rise to the inference or presumption that they had been entered into or done with the intent to do wrong to the general public and to limit the right of individuals, thus restraining the free flow of commerce and tending to bring about the evils, such as enhancement of prices, which were considered to be against public policy."

Ähnlich führt der Oberste Gerichtshof in seiner Entscheidung vom 21. Februar 1927 im Falle US. v. Trenton Potteries [2]) aus:

> "Whatever difference of opinion there may be among economists as to the social and economic desirability of an unrestrained competitive system, it cannot be doubted that the Sherman Law and the judicial decisions interpreting it are based upon the assumption that the public interest is best protected from the evils of monopoly and price control by the maintenance of competition."

In der Praxis der Sherman Act wurde das geschilderte Prinzip zunächst rein durchgeführt. Die Gerichte stellten sich anfangs auf den Standpunkt, daß die Sherman Act vom common law in doppelter Beziehung abweiche: Einmal führe sie neben der privatrechtlichen Sanktion des common law eine strafrechtliche Sanktion für das Verbot der contracts in restraint of trade ein. Und ferner verschärfe sie das Verbot tatbestandsmäßig insofern, als sie sich nicht bloß gegen unreasonable contracts in restraint of trade, sondern ausnahmslos

[1]) 221 US 59, Federal Anti-Trust Decisions 4 S. 128.

[2]) 273 US 392 ff., 397.

gegen jeden den Wettbewerb beschränkenden Vertrag richte. Etwa vom Jahre 1911 ab wandelt sich jedoch die Rechtsprechung. Man stellte sich auf den Standpunkt, daß die Freiheit des Wettbewerbs nicht schlechthin unantastbar und gegen verständige (reasonable) Wettbewerbsbeschränkungen nichts einzuwenden sei, namentlich im Hinblick darauf, daß der Wettbewerb auch unproduktive Aufwendungen (wastes of competition) zur Folge habe.[1])

Auch die Gesetzgebung sah Milderungen des starren Prinzips der Sherman Act insofern vor, als durch die Webb Export Trade Act von 1918 Ausfuhrkartelle von der Antitrustgesetzgebung ausgenommen wurden.[2]) Exzesse der Rechtsprechung, die auch die open-prize-Verbände unter die Antitrustgesetzgebung subsumieren wollten, werden neuerdings, da sich eine bessere Würdigung der Bedeutung gewerblicher Organisationen durchsetzt, von der Rechtsprechung selbst rückgängig gemacht.[3]) Ebenso ist die Einstellung der Regierung eine mildere geworden.[4]) Einstweilen aber bleibt das Prinzip: Competition is the life of trade noch „Artikel 1 des wirtschaftlichen Glaubensbekenntnisses der Vereinigten Staaten".[5]) Das zeigt deutlich der zitierte Passus aus dem im Jahre 1927 ergangenen Urteil im Trenton-Potteries-Falle.[6])

VI.

Hiermit verbindet sich in der späteren amerikanischen Gesetzgebung sowie in der Gesetzgebung der britischen Kolonien und Dominions ein weiteres Motiv, der Schutz des Konkurrenten gegen unlauteren Wettbewerb.

Wir wissen aus vielen Darstellungen, welche frischfröhlichen Wildwestmethoden im Konkurrenzkampf der jungen Länder üblich waren. Namentlich die Trustmagnaten und die großen combines waren in dieser Beziehung berüchtigt.[7])

So erklärt es sich, daß in der späteren Gesetzgebung der Vereinigten Staaten, vor allem in der Clayton Act und der gleichzeitigen Federal Trade Commission Act vom Jahre 1914, sich Gedanken der

[1]) USA Supreme Court im Standard-Oil-Falle 221 US 60, 62: "The criteria to be resorted to in any given case for the purpose of ascertaining wether violations of the sections have been committed is the rule of reason guided by the established law." Henderson, Federal Trade Commission (New Haven 1924) S. 6 ff.; Wasserman, L'oeuvre de la Fédéral Trade Commission (Paris 1925) S. 43 ff.; Cook, Principles of corporation law (Michigan 1925) S. 235 ff.; Jones a. a. O. S. 30 ff., 44 ff., 70; Jenks, Trust problem (New York 1925) S. 31 ff.; Hug, Abbau des amerikanischen Antitrustrechts, KR. 1930 S. 1 ff.

[2]) Vgl. hierzu Notz, 10 years operation of the Webb law, American Economic Review 1929 S. 9 ff.

[3]) Maple Flooring v. US. 268 US 563 ff. vom 1. Juni 1925.

[4]) Hug a. a. O.

[5]) Olds Bericht für den Völkerbund S. 22.

[6]) Mir scheint, daß Hug (a. a. O.) die Bedeutung der an sich zweifellos vorhandenen rückläufigen Bewegung etwas überschätzt.

[7]) Henderson, The federal Trade Commission S. 18, 34; Wasserman, L'oeuvre de la Federal Trade Commission (Paris 1925) S. 4 ff.

Bekämpfung des unlauteren Wettbewerbs mit dem Gedanken des Schutzes des freien Marktes kombinieren. Die Clayton Act verbot bestimmte, von ihr als unlauter angesehene Kampfmethoden der Trusts, vor allem die Preisdifferenzierung (sect. 2) und die Exklusivverträge (sect. 3). Die Federal Trade Commission Act andererseits erklärte in sect. 5 jegliche Form des unlauteren Wettbewerbs für ungesetzlich und schuf eine Behörde, die Federal Trade Commission, der es oblag, sowohl für Befolgung der Antitrustgesetzgebung zu sorgen als auch den unlauteren Wettbewerb im allgemeinen zu bekämpfen, soweit das öffentliche Interesse dies erforderte.

Eine Bestätigung dieser Auffassung bilden die Wahlreden des Präsidenten Wilson, die unter dem Titel "The new freedom" erschienen sind [1]) und deren Kap. VIII sich wie eine Begründung der unmittelbar darauf eingebrachten Clayton Act liest.[2])

Ihr Leitmotiv ist "fair play" (S. 162). Die großen Trusts sollen nicht berechtigt sein, ihre kleinen Konkurrenten mit anderen als den Waffen des lauteren Wettbewerbs, insbesondere der Leistungsfähigkeit, zu bekämpfen:

> "There must be no squeezing out of the beginner, no crippling his credit; no discrimination against retailers who buy from a rival; no threats against concerns who sell supplies to a rival; no holding back of raw material from him; no secret arrangements against him. All the fair competition you choose, but no unfair competition of any kind. ... All that I ask and all I shall fight for is that they shall come into the field against merit and brains everywhere. If they can beat other American brains, then they have got the best brains." [3])

Der Gedanke des Kampfes gegen unfair competition wiederholt sich in den Gesetzen der britischen Dominions und Kolonien.[4]) Beispielsweise wendet sich die unten noch genauer zu besprechende Australian Industries Preservation Act 1906 gegen jede Art von unlauterem Wettbewerb und hebt besonders Treurabattklauseln, Sperren und dergl. hervor.

In dem Verbot des unlauteren Wettbewerbs liegt nicht, wie es zunächst scheinen möchte, ein Widerspruch gegenüber dem Prinzip des freien Wettbewerbs. Vielmehr wird dies Prinzip nur verfeinert. Nicht der freie Wettbewerb als solcher, sondern nur seine Auswüchse werden bekämpft. Und zwar gilt der Kampf gerade denjenigen Auswüchsen, die die Vorteile des freien Wettbewerbs aufheben. Wilson bringt das klar zum Ausdruck. Solange der Kampf mit den

---

[1]) Leipzig, 1913 (Tauchnitz) S. 155 ff.

[2]) Klarer als die Adresse Wilsons an den Kongreß vom 20. Januar 1914 (Congressional Record, Bd. 51 II S. 1962 ff.). Vgl. ferner Newlands ebenda 51 XI S. 11084.

[3]) Ähnlich Jones, Trade association activities and the law (New York 1922) S. 21 ff., 33 ff.; Jenks a. a. O. S. 276 ff.

[4]) Zusammenfassend erörtert bei Sanderson, Restraint of Trade S. 147 ff.; Koch, Englisches Kartellrecht S. 38 ff.

Waffen der Leistungsfähigkeit ausgefochten wird, stählt er und führt zum Aufstieg der Tüchtigen sowie zur billigsten und besten Versorgung des Verbrauchers. Erst wo unlautere Mittel angewandt werden, fallen die Segnungen der freien Konkurrenz fort. Deswegen ist ein Verbot von Verträgen, welche die Konkurrenz beschränken, mit einem Verbot bestimmter unlauterer Mittel des Konkurrenzkampfes durchaus verträglich.

Zum vollständigen Verständnis der amerikanischen Antitrustgesetzgebung von 1914 reicht allerdings die Betrachtung der Wirtschaftsgesinnung in den Vereinigten Staaten nicht aus. Denn beim Erlaß der Clayton Act spielten auch allgemeine rechtsstaatliche Ideen eine große Rolle. Der Gedanke der Gewaltenteilung gehört ebenso zu dem Credo der Vereinigten Staaten wie der Grundsatz des freien Wettbewerbs. Dem aber widersprach die Praxis der Sherman Act auf das entschiedenste. Wie bereits erwähnt, hatte der Oberste Gerichtshof nach anfänglichem Schwanken die Auffassung vertreten, daß gegen einen reasonable restraint of trade nichts einzuwenden sei. Man unterschied nunmehr „gute" und „böse" Trusts. Diese Unterscheidung aber war nur auf Grund einer Betrachtung der volkswirtschaftlichen Wirkungen des Zusammenschlusses möglich. Die Gerichte mußten also bei Handhabung der Sherman Act wirtschaftspolitische Gesichtspunkte in weitestem Umfang berücksichtigen und damit die Grenze zwischen der gesetzgebenden und der rechtsprechenden Gewalt überschreiten. Das war nach amerikanischer Auffassung unmöglich. Der Senatsausschuß für zwischenstaatlichen Handel erklärte im Jahre 1913:[1])

> "The committee has full confidence in the integrity, intelligence and patriotism of the Supreme Court of the United States, but it is unwilling to repose in that court, or any other court, the vast and undefined power which it must exercise in the administration of the statute under the rule which it has promulgated. It substitutes the court in the place of Congress, for whenever the rule is invoked, the court does not administer the law, but makes the law."

Man versuchte daher, dieser Schwierigkeit zu entgehen einerseits durch kasuistische Festlegung eklatanter Fälle des unlauteren Wettbewerbs in der Clayton Act und andererseits durch Einschaltung einer wirtschaftspolitischen Behörde, nämlich der Federal Trade Commission.

VII.

Völlig anders verlief die gleichzeitige Entwicklung in Europa.

Die ältesten modernen Kartelle in Deutschland gehen auf den Anfang des 19. Jahrhunderts zurück.[2]) Eine bemerkenswerte Rolle spielen sie jedoch erst seit dem Krach der Gründerjahre (1873). Das Überangebot der diesen folgenden langjährigen Krisen erzeugte vielerwärts den Wunsch, den Konkurrenzkampf zu mildern. Zugleich entwickelte sich die juristische Technik.

[1]) Zitiert nach Henderson, Federal Trade Commission S. 16.

[2]) Vgl. oben S. 26 Anm. 1.

Zunächst erfolgte kein Einschreiten gegen Kartelle. Das Dogma des Manchestertums wurde in Deutschland niemals blind akzeptiert. Man erkannte nicht bloß, daß die freie Konkurrenz in der Form des unlauteren Wettbewerbs schädlich werden konnte, und erließ daher im Jahre 1896 das erste Wettbewerbsgesetz, sondern man sah auch die schädlichen Wirkungen, die selbst ein lauterer Wettbewerb bei überwiegendem Angebot zur Folge haben kann. Man erblickte den Nutzen der Kartelle hauptsächlich in einer Milderung der Konjunkturschwankungen. Diese Wirkung mußte in einer Zeit besonders dankbar begrüßt werden, welche gerade die schweren Krisen der Gründerjahre und der letzten Jahrzehnte des 19. Jahrhunderts durchlebt hatte.[1]) Aus solchen Erwägungen lehnte es das Reichsgericht in einer grundsätzlichen Entscheidung ab, Kartellverträge für nichtig oder unklagbar zu erklären oder auch die von Kohler geforderte jederzeitige Kündbarkeit anzuerkennen.[2])

Erst gegen Ende des vorigen Jahrhunderts erregte das Wachstum der Kartellbewegung vielfach Bedenken, um so mehr, als gleichzeitig die Nachrichten von den hemmungslosen Kampfmethoden der amerikanischen Trusts nach Deutschland kamen. Man erwog gesetzliche Eingriffe und veranstaltete die berühmte Kartellenquête der Jahre 1902/06. Diese Enquête schloß jedoch mit dem Ergebnis, daß die bisherigen Gefahren der Kartelle einen gesetzlichen Eingriff nicht rechtfertigten, daß die Kartellbewegung vielmehr durch natürliche Gegenmittel ausreichend gehemmt wurde, vor allem durch die Konkurrenz der fast stets vorhandenen Außenseiter, durch die Konkurrenz des Auslands und durch die sogenannte latente Konkurrenz unzufriedener Mitglieder. Der Staat beschränkte sich infolgedessen darauf, auf die Politik der wichtigsten Kartelle, namentlich des Rheinisch-Westfälischen Kohlensyndikats und des Kalisyndikats, dadurch Einfluß zu nehmen, daß er selbst als Kohlen- und Kaliproduzent sich betätigte und dadurch den Preis zu regulieren suchte.

VIII.

In der Kriegszeit dagegen erlebte man in ganz Europa, ja man kann fast sagen: in der ganzen Welt, eine Renaissance des Merkantilsystems.

[1]) Vgl. Spiethoff, Handwörterbuch der Staatswissenschaften, Artikel „Krisen" VI S. 53 ff.; Vogelstein, GDS. VI S. 222 ff. Vgl. die historische Darstellung der Monopoltheorien bei Dobretsberger a a O. S. 36 ff., 69 ff.

[2]) RGZ. 38 S. 155 (4. Februar 1897). Vgl. ferner die Entscheidung vom 25. Juni 1890 (RGZ. 28 S. 238 ff), wo es heißt: „Aus dem Prinzip der Gewerbefreiheit folgt keine Unantastbarkeit des freien Spiels wirtschaftlicher Kräfte in dem Sinne, daß den Gewerbetreibenden der Versuch untersagt wäre, im Wege genossenschaftlicher Selbsthilfe die Betätigung dieser Kräfte zu regeln und von Ausschreitungen, die für schädlich erachtet werden, abzuhalten." Eine zusammenfassende Darstellung der kartellrechtlichen Judikatur des Reichsgerichts gibt Eger in dem Sammelwerk „Reichsgerichtspraxis im deutschen Rechtsleben" (Berlin 1929) IV S. 231 ff.

Ein gewisser Vorbote war in Deutschland das Kaligesetz vom 25. Mai 1910. Die Überproduktion in der deutschen Kaliindustrie, die durch immer neue spekulative Gründung von Kaliwerken hervorgerufen wurde, legte im Jahre 1910 der Verlängerung des Kalisyndikats große Schwierigkeiten in den Weg und rückte die Gefahr in unmittelbare Nähe, daß beim Einsetzen völlig freier Konkurrenz die wertvollen Kalischätze Deutschlands verschleudert werden könnten, obwohl Deutschland damals ein absolutes Weltmonopol des Kalis besaß. Der Staat griff daher zur Aufrechterhaltung des Kalisyndikats ein. Er setzte von Staats wegen für jedes Kaliwerk die Quote fest, die ihm am gesamten Absatz zukam, und erledigte dadurch den Streit um die Quote, der bisher bei jeder Erneuerung des Kalisyndikats dessen Zustandekommen gefährdet hatte.

Wenige Jahre später brach der Weltkrieg aus. Die von der Entente durchgeführte Blockade machte Deutschland zu einer belagerten Festung und erzwang die denkbar sparsamste Verwendung aller wichtigeren gewerblichen Rohstoffe. Der Staat beschlagnahmte die Rohstoffvorräte und übernahm ihre Zuteilung an die Industrie. Der Bezugsschein und die Brotkarte traten an die Stelle des freien Handels. Eine staatliche Regelung nahezu sämtlicher Wirtschaftsvorgänge wurde unvermeidlich.[1])

Es liegt auf der Hand, daß wir hier eine Erneuerung des Merkantilismus vor uns haben. Als Neomerkantilismus ist das System der Kriegswirtschaft denn auch beispielsweise von Rathenau[2]) bezeichnet worden.

Dementsprechend zeigte sich in der Kriegswirtschaft die gleiche Einstellung zu dem Kartellproblem, wie sie der Merkantilismus hervorgerufen hatte. Die bestehenden Kartelle erleichterten dem Staate die Arbeit der Wirtschaftsregelung. Sie stellten für ihr Gebiet bereits eine gewisse freiwillige Regelung der Wirtschaft dar und nahmen damit dem Staat einen Teil der Arbeit und der Verantwortung ab. Sie ermöglichten es dem Staat, mit den einzelnen Industriezweigen als Ganzem zu verhandeln, statt daß er mit einer unübersehbaren Vielzahl von Einzelunternehmungen sich hätte abmühen müssen. Kurzum, die regelnde und organisierende Funktion der Kartelle paßte während des Krieges genau so wie im 17. und 18. Jahrhundert zu einem Wirtschaftssystem, das es für nötig hielt, die Erzeugung, den Handel und den Verbrauch zu regeln und zu organisieren.[3]) Daß das kein Zufall

[1]) Vgl. statt vieler Rathenau, Von kommenden Dingen S. 278 ff.; Briefs, Handwörterbuch der Staatswissenschaften, Artikel „Kriegswirtschaftslehre" V S. 1004 ff., 1010 ff. Die Kriegsgesetzgebung ist enthalten in den Jahrgängen des „Kriegsbuchs" von Güthe-Schlegelberger; eine juristische Analyse derselben findet sich vornehmlich bei Heymann, Rechtsformen der militärischen Kriegswirtschaft (Marburg 1921).

[2]) Von kommenden Dingen S. 283.

[3]) Vgl. zum vorigen Tschierschky, Reform der Industriekartelle (1921) S. 30 ff.; Bruck, Archiv für Sozialwissenschaft und Sozialpolitik 48. S. 563 ff., 586 ff.; Briefs a. a. O. S. 996 ff.

ist, wird auch noch dadurch bestätigt, daß sich die gleichen Vorgänge während des Krieges in England,[1]) in der Schweiz[2]) und sogar in Amerika zeigten.

Die Übereinstimmung der Kartellpolitik, wie sie in den Zeiten der Kriegswirtschaft betrieben wurde, mit der Kartellpolitik des Merkantilsystems geht jedoch noch weiter. Genau so wie das Merkantilsystem ging auch die Kriegswirtschaft dazu über, dort, wo freiwillige Kartelle nicht zustande kamen oder die erforderlichen Aufgaben nicht zu erfüllen vermochten, zwangsweise Kartelle zu errichten. Die öffentlichrechtlichen Zwangssyndikate der Schuh- und Seifenindustrie sind oft genug geschildert worden. Daneben wurde manchen freiwilligen Syndikaten ein gewisser Zwangscharakter dadurch aufgedrückt, daß ihre Auflösung sowie Kündigung und Austritt im öffentlichen Interesse ausgeschlossen wurden. Beispielsweise ist dies bei der Spirituszentrale, beim Hefeverband und beim Stahlwerksverband der Fall gewesen. In der Kohlenwirtschaft beschränkte sich die Verordnung vom 12. Juni 1915 darauf, die Anordnung von öffentlichrechtlichen Zwangsverbänden für den Fall anzudrohen, daß die freiwilligen Verbände, die mindestens 97 v. H. der Gesamtförderung umfaßten, zustande kamen.[3])

Mit Kriegsende trat keine wesentliche Änderung der wirtschaftlichen Situation ein. Die Blockade bestand anfangs noch fort, und als sie aufgehoben wurde, übernahm die Zerrüttung der deutschen Währung einen Teil der Funktion, die die Blockade bis dahin ausgeübt hatte. Zudem erforderten der Schutz der Währung und die Umstellung der Kriegswirtschaft auf die Friedenswirtschaft eine umfangreiche Einmischung des Staates in das Wirtschaftsleben, namentlich ein System von Aus- und Einfuhrverboten, so daß die Gedanken des Merkantilsystems zunächst noch Geltung behielten.[4])

Zudem erhielten sie Unterstützung aus der Ideenwelt des durch die Revolution zur Herrschaft gelangten Sozialismus. Der Grundgedanke des Sozialismus besteht ja darin, daß das System des freien Wettbewerbs nicht zu einer befriedigenden Regelung der Wirtschaft führen könne, und er erblickt daher das Ideal in einer staatlich geordneten Wirtschaft.

Aus solchen Gedankengängen heraus entstand die Idee einer allgemeinen deutschen Planwirtschaft. Rathenau und v. Möllendorff entwickelten sie in ihren Schriften,[5]) und Wissell und v. Möllendorff versuchten sie Anfang 1919 in die Praxis umzusetzen. Sämtliche deutschen Gewerbezweige sollten zu

---

[1]) Levy, Monopole, Kartelle und Trusts S. 163.

[2]) Vgl. Schweiz. BG. vom 6. März 1929, KR. 29, 586.

[3]) Vgl. über diese Bildungen R. Isay, Studien im Kartellrecht S. 36 ff.; H. und R. Isay, ABG. II S. 435 ff.; Tschierschky a. a. O. S. 33 ff.

[4]) Vgl. Isay-Tschierschky, KVO. S. 103 ff.

[5]) Rathenau, Von kommenden Dingen S. 95, 277 ff., 286 ff.; Die neue Wirtschaft S. 56 ff.; v. Möllendorff, Deutsche Gemeinwirtschaft S. 31 ff., 38 ff.

Selbstverwaltungskörpern zusammengeschlossen werden, die innerhalb ihres Zweiges die Regelung der Wirtschaft in die Hand zu nehmen hätten

Bekanntlich gelangte diese Idee nur teilweise zur Durchführung. Sie wurde zwar in dem Sozialisierungsgesetz vom 23. März 1919 sowie in Art. 156 der Reichsverfassung prinzipiell anerkannt,[1]) jedoch nur auf dem Gebiete der Kohlen- und Kaliwirtschaft verwirklicht. Hier ist durch das Kohlenwirtschaftsgesetz vom 23. März 1919 und das Kaliwirtschaftsgesetz vom 24. April 1919 sowie durch die dazu erlassenen Ausführungsbestimmungen vom 21. August 1919 und 18. Juli 1919) je ein Fachparlament, der Reichskohlenrat und der Reichskalirat, errichtet worden, dem die Leitung der Kohlen- und Kaliwirtschaft nach gemeinwirtschaftlichen Gesichtspunkten zukommt. Unter ihnen stehen Syndikate, welche die gesamten Erzeugnisse vertreiben und dadurch die Wirtschaft im einzelnen regeln. Die Syndikate sollen nach Möglichkeit freiwillig durch zivilrechtlichen Vertrag gegründet werden; jedoch hat der Reichswirtschaftsminister das Recht, wenn ein freiwilliger Zusammenschluß nicht erfolgt, Zwangssyndikate zu errichten und etwaige verbleibende oder neu entstehende Außenseiter zwangsweise beizufügen. Nicht nur die Fachparlamente, sondern auch die Syndikate haben gewisse öffentlichrechtliche Befugnisse, selbst wenn sie in privatrechtlicher Form errichtet sind, während andererseits den Mitgliedern gegenüber den Maßnahmen der Syndikate ein Beschwerderecht an die übergeordneten gemeinwirtschaftlichen Organe zusteht. Ferner sind die Kartellpflichten der Mitglieder mit öffentlichrechtlichem Schutz bekleidet; ihre vorsätzliche Verletzung ist strafbar. Endlich steht dem Reichswirtschaftsminister ein Vetorecht gegenüber Beschlüssen der Syndikate zu.[2])

Die Kohlen- und Kaliwirtschaftsgesetzgebung ist bekanntlich noch heute in Kraft. Die übrigen Zwangssyndikate, wie sie während der Kriegszeit geschaffen wurden, sind dagegen inzwischen sämtlich

---

[1]) Art. 156 RVerf. lautet:

Das Reich kann durch Gesetz unbeschadet der Entschädigung, in sinngemäßer Anwendung der für Enteignung geltenden Bestimmungen, für die Vergesellschaftung geeignete private wirtschaftliche Unternehmungen in Gemeineigentum überführen. Es kann sich selbst, die Länder oder die Gemeinden an der Verwaltung wirtschaftlicher Unternehmungen und Verbände beteiligen oder sich daran in anderer Weise einen bestimmenden Einfluß sichern.

Das Reich kann ferner im Falle dringenden Bedürfnisses zum Zwecke der Gemeinwirtschaft durch Gesetz wirtschaftliche Unternehmungen und Verbände auf der Grundlage der Selbstverwaltung zusammenschließen mit dem Ziel, die Mitwirkung aller schaffenden Volksteile zu sichern, Arbeitgeber und Arbeitnehmer an der Verwaltung zu beteiligen und Erzeugung, Herstellung, Verteilung, Verwendung, Preisgestaltung sowie Ein- und Ausfuhr der Wirtschaftsgüter nach gemeinschaftlichen Grundsätzen zu regeln.

[2]) Zu der Gemeinwirtschaft der unmittelbaren Kriegsfolgezeit vgl. R. Isay, Kohlenwirtschaftsgesetz (Mannheim 1920) S. 3 ff.; Gieseke, Rechtsverhältnis der gemeinwirtschaftlichen Organisationen (Jena 1922); Thoenes, Zwangssyndikate im Kohlenbergbau (Jena 1921); Bruck, Archiv für Sozialwissenschaft 52 S. 655 ff.

aufgehoben worden. Andererseits wurde durch das Gesetz vom 28. Mai 1927 wieder ein Schritt in der gleichen Richtung unternommen. Das Reich erklärte die Herstellung von Zündhölzern, insbesondere die Errichtung neuer Betriebe, für konzessionspflichtig und stützte dadurch das Zündholzsyndikat. Durch Gesetz vom 29. Januar 1930 (RGBl. I S. 11) ist das Zündholzsyndikat in ein echtes Zwangssyndikat umgewandelt und mit Monopolrechten beliehen worden.

Ähnliche Erscheinungen beobachten wir in Frankreich, der Tschechoslowakei und vor allem in Italien.

In Frankreich verwandelte die Berggesetznovelle vom 9. September 1919 das bergbauliche Gewinnungsrecht, das bis dahin im wesentlichen noch als rein privatrechtliches Bergwerkseigentum ausgestaltet war, in eine vorwiegend öffentlichrechtliche Konzession und verstärkte den Einfluß des Staates auf den Bergbaubetrieb ganz erheblich. Insbesondere kann der Staat dem Konzessionsinhaber vorschreiben, daß der Absatz der Bergwerkserzeugnisse durch ein Verkaufssyndikat (comptoir de vente) bewirkt wird (vgl. R. Isay, Bergrecht in rechtsvergleichender Darstellung S. 41 ff., 44).

Der Geist des italienischen Faschismus vollends enthält offensichtlich Geist vom Geiste des Merkantilismus. Auch er will Produktion und Handel disziplinieren. Er stellt Leitsätze für die Wirtschaft auf, die er vermöge der korporativen Struktur des Staates zu verwirklichen sucht. Daher verfolgt das faschistische Italien die gleiche Kartellpolitik wie jedes Land und jedes Zeitalter, in dem die Ideen des Merkantilsystems Einfluß ausüben. Der Minister der nationalen Wirtschaft Belluzzo hat in der Sitzung der Deputiertenkammer vom 12. März 1927 die Produzenten aufgefordert, sich zu loyalen, auf lange Frist berechneten Verbänden zusammenzuschließen:

> „Die Produktionsvereinigungen müssen nach und nach diejenigen Unternehmungen vom Markte ausschalten, die zu teuer produzieren, weil sie technisch rückständig sind. Die übrigbleibenden Werke müssen sich in die Arbeit zwecks Vereinfachung und Spezialisierung der Erzeugung teilen. Die Verkaufsverbände müssen den Handel organisieren, indem sie Zwischenglieder besonders im Außenhandel ausmerzen. Auch der Kleinhandel muß seine Generalunkosten senken. Eine Verminderung der Verkaufsgeschäfte wird den Umsatz der übrigen heben und hierdurch die allgemeinen Unkosten und damit auch die Verkaufspreise senken." [1])

Dementsprechend beobachten wir auch im italienischen Recht Zwangssyndikate, namentlich im Bergbau [2]).

[1]) Zitiert bei de Sanctis, Das Recht der Kartelle und anderen Unternehmenszusammenfassungen in Italien (Berlin 1928) S. 3; vgl. ferner Erwin v. Beckerath, Idee und Wirklichkeit im Faschismus, Schmollers Jahrb. 1928 S. 208 ff., 211 ff.

[2]) Art. 46 ff. des Berggesetzes vom 29. Juli 1927, Zeitschrift für Bergrecht 69 S. 478 ff.; vgl. im einzelnen de Sanctis a. a. O. S. 18 ff.; Fischer-Wagenführ, Kartelle in Europa (Nürnberg 1929) S. 223 ff.

Der tschechoslowakische Staat schuf sich in der unmittelbaren Kriegsfolgezeit durch Verordnung vom 26. Februar 1919 und Gesetz vom 15. April 1920 die Möglichkeit, nach Bedarf Zwangszusammenschlüsse kartellartiger Natur zu errichten. Doch sind diese Bestimmungen seit 1921 nicht mehr angewandt worden.[1])

Endlich haben die Schwierigkeiten des Kohlenbergbaus in allerneuester Zeit planwirtschaftlichen Gedankengängen auch in England Eingang verschafft. Nach Zeitungsnachrichten soll die Reorganisation des britischen Kohlenbergbaus mit Hilfe von Zwangssyndikaten erfolgen.

Wie neben dem Merkantilismus des 17. Jahrhunderts die Wuchervorschriften der beginnenden Neuzeit weiterbestanden, so ist auch der Merkantilismus der Kriegszeit überall mit einer Wuchergesetzgebung verknüpft. In Deutschland wurden, um nur die wichtigsten Vorschriften zu nennen, am 23. Juli 1915 eine Verordnung gegen übermäßige Preissteigerung, am 24. Juni 1916 eine Verordnung gegen den sogenannten Kettenhandel erlassen. Am 8. Mai 1918 wurde das Wucherrecht in der Verordnung gegen Preistreiberei kodifiziert und später durch eine Reihe von Verordnungen unter dem 13. Juli 1923 neu geregelt.[2]) Erst durch Gesetz vom 19. Juli 1926 wurde die gesamte Preistreibereigesetzgebung bis auf die Auskunftspflichtverordnung aufgehoben.

In Frankreich wurde Art. 419 Code pénal ergänzt vor allem durch Art. 10 des Gesetzes vom 20. April 1916 sur la taxation des denrées et substances, welcher das Delikt der unerlaubten Spekulation schuf. Durch Gesetz vom 22. Oktober 1922 wurde Art. 10 jedoch wesentlich gemildert.[3])

In der Tschechoslowakei ist der Wucher mit Bedarfsgegenständen durch Gesetz vom 17. Oktober 1919 (abgeändert durch Gesetz vom 25. April 1924) unter Strafe gestellt worden.[4])

Diese modernen Wuchergesetzgebungen erklären sich aus der Not der Kriegszeit. Die durch den Krieg in allen kriegführenden Ländern, wenn auch in verschieden starkem Maße, hervorgerufene Knappheit an den Gütern des wichtigsten Lebensbedarfs warf den glücklichen Besitzern solcher Güter außerordentliche Gewinnmöglichkeiten in den Schoß. Andererseits vertrat man mit Recht den Standpunkt, daß die einzelne Nation eine „Schicksalsgemeinschaft" bilde und der einzelne nicht das gemeinsame Schicksal zu persönlicher übermäßiger Bereicherung ausnutzen dürfe. In der Nachkriegszeit blieben die Wuchervorschriften überall noch eine Zeitlang in Kraft, weil man die Geldentwertung durch Notendruck fälschlich für eine echte Teuerung hielt.

[1]) Hexner, Grundlagen des tschechoslowakischen Kartellrechts (Berlin 1929) S. 23 ff. Die Verordnung vom 26. Februar 1919 ist Kartellrundschau 1929 S. 457 abgedruckt

[2]) Ein anschauliches Bild der Entwicklung geben die verschiedenen Auflagen von Alsberg, Preistreibereistrafrecht. Vgl. ferner Schäfer, Preistreibereirecht (Mannheim 1924).

[3]) Pichot, Concurrence déloyale S 281 ff; Mazeaud a. a. O S 50

[4]) Hexner, Kartellrundschau 1928 S. 511.

IX.

Die Zeit merkantilistischer oder staatssozialistischer Kartellförderung war in Deutschland nur von kurzer Dauer. Die gesetzlich errichteten Planwirtschaftskörper erfüllten nicht die Erwartungen, die man in sie gesetzt hatte.[1]) Ferner entstand durch die Treibhausluft der Inflation, durch die Jagd nach Sachgütern und die Flucht vor dem Papiergelde, eine tropische Blüte der Kartelle. Sie wurden in den Jahren 1922 und 1923 in erster Linie Mittel zur Abwälzung des Geldentwertungsrisikos auf den jeweiligen Abnehmer und erweckten damit einen beinahe fanatischen Kartellhaß der öffentlichen Meinung, vor allem den Haß aller derer, die während der Inflation die Substanz ihres Vermögens nicht erhalten konnten.

Vorübergehend versuchte man, etwa vom Jahre 1921 ab, die Kartelle mit Hilfe der Wuchergesetzgebung zu bekämpfen.

Zwei Angriffspunkte bot die übliche Kartellpolitik für die Anwendung der Preistreibereigesetzgebung.

Der eine ergab sich aus der Festsetzung einheitlicher Preise. Diese werden, wenn die Marktlage es gestattet, stets so normiert werden, daß auch die schwächsten Werke dabei mindestens existieren können. Denn um ruiniert zu werden, tritt kein Werk einem Kartell bei. Daraus ergeben sich für die gut geleiteten und eingerichteten Werke mit Notwendigkeit Differentialgewinne, die sich leicht zu einem „übermäßigen" Gewinn auswachsen können, namentlich wenn einzelne Werke über große Bestände an scheinbar billig eingekaufter „alter Ware" verfügen.

Der zweite Angriffspunkt waren die namentlich in der Verfeinerungsindustrie weitverbreiteten Treurabattklauseln und ähnliche Maßnahmen der Preisdifferenzierung. In der Mehrzahl der Fälle ist der Treurabatt kein echter „Rabatt", d. h. keine Vergütung für große und regelmäßige Aufträge, sondern mindestens zum Teil ein Mittel zur Bekämpfung der Außenseiter, also zur Schlechterstellung derjenigen Kunden, die auch mit Außenseitern arbeiten. Der normale Preis ist in solchen Fällen derjenige Preis, welcher sich nach Abzug des Treurabatts ergibt. Infolgedessen wird dem „untreuen" Kunden, der den Preis zuzüglich Treurabatt zahlen muß, leicht ein „übermäßiger" Preis abgefordert.[2]) Außerdem konnte man daran denken, in den Maßnahmen des Organisationszwanges preissteigernde unlautere Machenschaften zu erblicken, gegen die sich gleichfalls die Wuchergesetzgebung richtete.

Indessen ist es zu einer Anwendung der Preistreibereiverordnung zwecks Kartellbekämpfung in nennenswertem Umfang nicht gekommen. Das Reichswirtschaftsministerium vertrat mit Recht den Standpunkt,

[1]) Vgl. E. Heimann in GDS. I 1 S 189.

[2]) Vgl. RG. vom 24. April 1922, Kartellrundschau 1923 S. 28; OLG. Dresden vom 4. Oktober 1922, ebendort 1923 S. 21.

daß eine gesunde Kartellpolitik nur zentral, nicht durch die lokalen Strafverfolgungsbehörden und Wuchergerichte betrieben werden könne. Gleichzeitig verbreitete sich die Erkenntnis vom Wesen der Geldentwertung. Man sah ein, daß die meisten „übermäßigen" Gewinne nur Scheingewinne waren und lediglich auf der zwischen Einkauf und Verkauf eingetretenen weiteren Geldentwertung beruhten. Die vom Reichswirtschaftsministerium und vom Reichsjustizministerium am 16. Dezember 1922 herausgegebenen gemeinsamen Richtlinien erklärten daher, daß ein auf den tatsächlichen durchschnittlichen Gestehungskosten der Kartellmitglieder beruhender Verbandspreis als Ausdruck einer „ordnungsmäßigen Marktlage" anzusehen sei, so daß dessen Forderung keine übermäßige Preissteigerung in sich schließen könne. Nur wo der Verbandspreis nicht auf den tatsächlichen Durchschnittskosten der Verbandsmitglieder beruhte, sich vielmehr den ungünstig arbeitenden Mitgliedern anpasse, um diese durchzuschleppen, könne von einem Preisausgleich als Kennzeichen einer normalen Marktlage nicht gesprochen werden.[1])

Damit war die Anwendung der Wuchergesetzgebung auf Preiskartelle praktisch so gut wie aufgehoben. Denn selbstverständlich wird in jedem halbwegs verantwortungsbewußten Kartell nicht einfach der Preis des teuersten Mitglieds akzeptiert, sondern man einigt sich auf einer mittleren Linie.

Da die Preistreibereigesetzgebung ungeeignet war, drängte die kartellfeindliche öffentliche Meinung seit Kriegsende auf Erlaß eines Kartellgesetzes. Der Reichstag nahm mehrfach entsprechende Entschließungen an. Anfangs widersetzte sich die Regierung. Sie erklärte Ende 1921, sie halte

> „im Augenblick die Zeit nicht für gekommen, Vorschläge über den Aufbau einer besonderen Verwaltungsbehörde und den Erlaß neuer, die wirtschaftliche Betätigungsfreiheit einschränkender Gesetzesvorschriften zu machen".[2])

Die Zwangswirtschaft des Krieges und der ersten Nachkriegsjahre stand in schlechtem Andenken. Der Mißerfolg des sozialistischen Experiments in Sowjetrußland ermutigte auch nicht zur Nacheiferung. Vielmehr erwartete man in den unendlichen Wirtschaftsschwierigkeiten des damaligen Deutschlands das Heil von der freien Initiative des einzelnen, die man nicht erneut in Fesseln schlagen wollte, genau so wie im 18. Jahrhundert die Gegenbewegung gegen staatliche Bevormundung im Zeichen der persönlichen Freiheit des Gewerbetreibenden einsetzte.

Als man knapp zwei Jahre später zum Erlaß der Verordnung gegen den Mißbrauch wirtschaftlicher Machtstellungen vom 2. November

---

[1]) Mitteilungen für Preisprüfungsstellen 1922 S. 89 ff.

[2]) Schreiben des Reichswirtschaftsministers an Reichstag und Reichsrat vom 30. November 1921, abgedruckt bei Isay-Tschierschky, Kartellverordnung S. 416 ff.

1923, der sogenannten Kartellverordnung,[1]) schritt, war das Ziel das gleiche. Auch die Kartellverordnung betrachtet in der „wirtschaftlichen Betätigungsfreiheit" des einzelnen das Prinzip, das zur Gesundung der Wirtschaft führt. Die bisherige merkantilistische oder staatssozialistische Politik wurde mit Entschiedenheit abgelehnt. Nur insofern hatte sich die Auffassung geändert, als man jetzt in der Kartellverordnung nicht eine „die wirtschaftliche Betätigungsfreiheit einschränkende" Gesetzesvorschrift erblickt, sondern umgekehrt ein Mittel, um diese wirtschaftliche Betätigungsfreiheit des einzelnen herzustellen. Man akzeptierte insoweit den Gedanken der amerikanischen und kolonialenglischen Antitrustgesetzgebung. Daher bestimmt die Kartellverordnung in § 8, daß alle Kartellverträge aus wichtigem Grunde fristlos gekündigt werden können, und verbietet ferner in § 4 Abs. 2, § 9, die wirtschaftliche Freiheit der Außenseiter durch Sperren im Einkauf oder Verkauf oder durch Festsetzung unterschiedlicher Preise oder Bedingungen unbillig zu beeinträchtigen. Die geschilderten Gedankengänge ergeben sich ganz klar aus der amtlichen Begründung:

> „Bei der kritischen Zuspitzung, die die wirtschaftliche Konjunktur seit dem Sommer des Jahres erfahren hat, und durch welche der Preis einzelner deutscher Produkte über den Weltmarktstand hinausgetrieben worden ist, besteht ein allgemeines Interesse daran, durch Wiederherstellung wirklicher Marktfreiheit eine künstliche Einschränkung der Erzeugung, übermäßige Risikozuschläge und Preisstellungen, die durch die tatsächlichen Produktionskosten nicht begründet sind, nachdrücklichst zu bekämpfen." [2])

Ferner muß die Verordnung

> „in den Gesamtrahmen der Maßnahmen eingestellt werden, die die Reichsregierung zum Zwecke der Produktionssteigerung und zur Befreiung der Wirtschaft von unproduktiven Hemmungen trifft".

Hierher rechnet die Begründung insbesondere die Demobilmachungsverordnungen, welche bis dahin den Arbeitsmarkt beschränkten. Die Beseitigung der privatrechtlichen Kartellbindungen wird also völlig in Parallele gesetzt zu der Beseitigung der öffentlichrechtlichen Bindungen, die sich aus der staatlichen Zwangswirtschaft ergaben. Ähnlich hatte schon eine Entschließung der Gewerkschaften vom 17. Oktober 1923 erklärt, es sei

> „die rücksichtslose Zerschlagung der gegen das Gemeinwohl gerichteten privaten (Kartell-)Zwangswirtschaft notwendige Voraussetzung für die wirtschaftliche Wiedergesundung."[3])

---

[1]) Kommentare von Lehnich-Fischer, Friedländer, Isay-Tschierschky, Haussmann-Holländer, Goldbaum, Staffel und Hempfing.

[2]) Amtliche Mitteilungen an die Presse bei Bekanntgabe der Verordnung, abgedruckt Isay-Tschierschky S. 414 ff.

[3]) Zitiert nach Lammers, Berliner Börsenzeitung vom 29. Oktober 1923 Nr. 503.

Daneben finden sich allerdings auch Anklänge an die Wuchergesetzgebungen alter und neuer Zeit, so, wenn sich die Verordnung in § 4 Abs. 2 gegen die ungerechtfertigte Steigerung oder Hochhaltung von Preisen wendet oder der zitierte Passus der Begründung von Preisstellungen spricht, die „durch die tatsächlichen Produktionskosten nicht begründet sind".

Indessen erhalten alle diese an sich bekannten Gedankengänge dadurch eine neue Note, daß die Kartellverordnung sich gegen ungerechtfertigte Preissteigerungen oder übermäßige Beschränkungen des freien Wettbewerbes nur dann und nur insoweit wenden will, als dadurch Gesamtwirtschaft oder Gemeinwohl gefährdet werden. Der Begriff der Gefährdung von Gesamtwirtschaft oder Gemeinwohl ist der Angelpunkt der Verordnung, der in allen ihren öffentlichrechtlichen Vorschriften (§§ 4, 9, 10) immer wiederkehrt. Die Verordnung will durch Verwaltungsmaßnahmen verhindern, daß Kartelle oder sonstige wirtschaftliche Machtkörper einen schädlichen Einfluß auf den Gesamtorganismus des wirtschaftlichen Lebens der Nation ausüben. Wenn sie ungerechtfertigte Preisstellungen bekämpft, so tut sie es nicht, weil sie dem einzelnen Verkäufer den Verdienst beschneiden oder den einzelnen Verbraucher schützen will, sondern weil dadurch

> „der Preis einzelner deutscher Produkte über den Weltmarktstand hinausgetrieben",

m. a. W. die Exportfähigkeit der deutschen Industrie, auf der das Dasein der deutschen Wirtschaft beruht, gefährdet wird. Sie will also, wie die amtliche Begründung ausdrücklich hervorhebt, die Kartelle nicht zertrümmern. Sie betont die volkswirtschaftlich bedeutsame Funktion der Erzeugerorganisationen. Sie will lediglich

> „die Kreise der Produktion und des Handels wieder zu dem vielfach verlorengegangenen Verantwortungsbewußtsein gegenüber dem Gemeinwohl zurückzwingen".

Genau so wie die Betätigung des Individuums grundsätzlich frei ist, jedoch durch die Polizei daran verhindert wird, die Allgemeinheit zu schädigen, genau so soll auch die Freiheit der Kartelle durch die von der Verordnung zugelassenen Verwaltungseingriffe an der Schädigung der Gesamtwirtschaft oder des Gemeinwohls verhindert werden. Wir haben es hier mit einem Kartellpolizeigesetz zu tun, das den allgemeinen Verlauf des Wirtschaftsprozesses gegen schädliche Einwirkungen wirtschaftlicher Machtkörper schützt. Dabei wird der Begriff der „Polizei" im Sinne des modernen Rechtsstaats aufgefaßt, nicht im Sinne des Polizeistaats, bei dem die Polizei auch positiv das Wohl der Bürger zu fördern hat.

Die Praxis des Ministeriums hat sich hieran nicht gehalten. Sie greift in zahlreichen Einzelfällen zuungunsten der Kartellbewegung ein, wo von einer Gefährdung der Gesamtwirtschaft oder des Gemeinwohls nicht die Rede sein kann.

Eine Begründung für diese Praxis ist bisher nicht gegeben worden. Offiziell wird die Fiktion festgehalten, daß nur in Fällen einer Gefährdung des öffentlichen Interesses vorgegangen werde.

Versucht man unabhängig hiervon eine Begründung zu finden, so liegt die Erwägung nahe, daß die Praxis unbewußt nach einer Angleichung der beiden grundverschiedenen in Deutschland geltenden Kartellgesetzgebungen tendiert. Schließlich kann man nicht verlangen, daß das gleiche Ministerium, je nachdem, ob es auf dem Gebiete der Kohlen- und Kaliwirtschaft einerseits, sonstiger Industriezweige andererseits tätig wird, bald im Sinne merkantilistischer Staatsfürsorge, bald im Sinne eines liberalistischen Nachtwächterstaates arbeite. Unbemerkt muß sich ein Mittelding zwischen beiden, zwischen der mittlerweile als unausführbar erkannten Planwirtschaft einerseits, der bloßen Gefahrenabwehr andererseits, herausbilden.

Dieser Gleichgewichtszustand liegt etwa in der Linie planmäßiger Kartellbeunruhigung. Eine solche Praxis ist merkantilistisch insofern, als sie vielfältige Staatseinmischung bedingt; sie ist liberalistisch, weil sie nicht positiv wirtschaftsfördernd, sondern nur negativ kartellstörend wirkt.

Die ideologische Grundlage der geschilderten Übung kann man vielleicht in den Gedankengängen Wilbrandts[1]) finden. Er legt dar, daß in heutiger Zeit der Konsument nicht mehr vereinzelten, sondern vielen Monopolisten gegenüberstehe. Wenn auch der einzelne Monopolpreis nur um ein geringes höher sei als der Konkurrenzpreis, so schränke er doch die Kaufkraft für anderes ein. Bei der Massenhaftigkeit der Monopole belaste die Summe kleiner, für sich allein belangloser Preissteigerungen im Endergebnis den Konsumenten übermäßig. Die Konsequenz, die Wilbrandt selber aus seiner Auffassung zieht, ist allerdings nicht die Forderung nach staatlichem Eingreifen, von dem er nicht viel hält, sondern nach dem Ausbau der Konsumgenossenschaften.[2])

X.

1. Der Gedanke der Kartellpolizei, also des Schutzes von Gesamtwirtschaft und Gemeinwohl gegen schädliche Einwirkungen wirtschaftlicher Machtkörper, ist keine Besonderheit des deutschen Rechts, findet sich vielmehr auch in verschiedenen ausländischen Gesetzgebungen. Namentlich ist er bereits ganz klar in der Australian Industries Preservation Act 1906[3]) und ihren Abänderungsgesetzen von 1907 und 1909[4]) zum Ausdruck gekommen.

---

[1]) GDS. IX. 2 S. 421 ff.

[2]) a. a. O. S. 425.

[3]) Borchardt, Handelsgesetze des Erdballs XI Abt. 2 S. 37 ff.

[4]) Borchardt a. a. O. S. 43 ff., 459 ff.; vgl. ferner Sanderson a. a O. S. 148 ff.; Koch a. a. O. S. 38 ff.

Diese Gesetzgebung, die sich nach sect. 3 des Gesetzes von 1906 gegen alle „combinations" wendet, gleichviel ob sie in der Form von Trusts, holding companies oder Verträgen bestehen, richtet sich nicht, wie die amerikanische Trustgesetzgebung, schlechthin gegen die Einschränkung des Wettbewerbes, sondern nur insoweit, als sie erfolgt entweder zum Schaden der Allgemeinheit (detriment of the public) oder aber in der Absicht, mit Mitteln des unlauteren Wettbewerbs solche australische Industrien zu schädigen, deren Aufrechterhaltung für die Allgemeinheit nützlich ist:

> "Any person who, either as principal or as agent, makes or enters into any contract, or is or continues to be a member of or engages in any combination in relation to trade or commerce with other countries or among the States: a) with intent to restrain trade or commerce to the detriment of the public; or b) with intent to destroy or injure by means of unfair competition any Australian industry the preservation of which is advantageous to the Commonwealth, having due regard to the interests of producers, workers and consumers, is guilty of an offence" (Sect. 4.)

Derselbe Gedanke kommt in sect. 6 zum Ausdruck, welche für das Vorhandensein unlauteren Wettbewerbs eine gesetzliche Vermutung aufstellt. Eine Vermutung für das Vorhandensein unlauteren Wettbewerbs ist insbesondere dann gegeben, wenn der Wettbewerb des Beklagten zu einer unangemessenen Entlohnung oder Arbeitslosigkeit der australischen Industriearbeiterschaft führt oder eine wesentliche Desorganisation der australischen Industrie zur Folge hat, wobei berücksichtigt werden soll, ob die betroffene australische Industrie rationell (efficient) und modern arbeitet. Sect. 7 a verbietet Exklusivklauseln, läßt jedoch den Einwand zu, daß die Exklusivklausel die Allgemeinheit nicht schädigt und keinen unlauteren Wettbewerb darstellt. Sect. 16 ff. des Gesetzes endlich richten sich gegen unlauteren Wettbewerb in Form von Dumping, und zwar gleichviel, ob er von Zusammenschlüssen oder von Einzelpersonen betrieben wird. Dabei wird jedoch der Dumpingschutz bezeichnenderweise nach sect. 16 letzter Halbsatz denjenigen Industrien nicht gewährt, in denen die Arbeiterschaft keine angemessene Entlohnung erhält oder sonst unangemessenen (unfair) Arbeitsbedingungen unterliegt.

Kohler[1]) erblickt in diesem Gesetz einen Ausdruck des Staatssozialismus, m. E. mit Unrecht. Staatssozialismus erfordert positive Leitung und Beeinflussung der Wirtschaft im Sinne der staatlichen Wirtschaftspolitik. Staatssozialistische Prinzipien kommen nicht in Frage bei rein negativer Gefahrenabwehr. Der Gegensatz zwischen einer staatssozialistischen Kartellpolitik und einer bloßen Kartellpolizei ist genau der gleiche, wie er zwischen dem Polizeibegriff des

[1]) Unlauterer Wettbewerb S. 12 ff.

aufgeklärten Despotismus und dem Polizeibegriff des modernen Rechtsstaats besteht. Positive Beeinflussungen der Wirtschaft aber nimmt das australische Gesetz nicht vor. Es schützt nur die Wirtschaft gegen gemeinschädliche Eingriffe.

Im Gegenteil könnte man eher fragen, ob wirklich eine Kartellpolizei in dem Sinne der deutschen Kartellverordnung, d. h. eine Abwehr von schädlichen Einflüssen auf den Gesamtorganismus des wirtschaftlichen Lebens der Nation, hier vorliegt. Daß das "detriment of the public" im Gesetz erwähnt wird, beweist dies noch nicht. Dieser Ausdruck findet sich seit jeher in der Rechtsprechung über den restraint of trade. Man denkt dabei an schädliche Wirkungen, welche die Einschränkung des Wettbewerbs für außenstehende Mitglieder des Publikums, namentlich für den Verbraucher, zur Folge hat. Das was die Kartellpolizei im Sinne der Kartellverordnung von einem solchen Publikumsschutz unterscheidet, ist der Gedanke, daß man nicht das einzelne Mitglied des Publikums, sei es Verbraucher oder Konkurrent, als Schutzobjekt betrachtet, sondern daß man die gesamte Wirtschaft als einen Organismus auffaßt, dessen Lebensfunktionen durch Eingriff monopolistischer Machtkörper beeinträchtigt werden könnten. Daß aber das australische Gesetz sich gegen schädigende Eingriffe in den Gesamtorganismus der Volkswirtschaft wendet, zeigen m. E. die oben zitierten Bestimmungen.[1])

Nur in einer Bestimmung begibt sich die Australian Industries Preservation Act an die Grenze des Staatssozialismus. Es ist dies die Vorschrift der sect. 7b. Hiernach wird jede Person bestraft, welche einen geschäftlichen Verkehr mit einer anderen Person um deswillen ablehnt, weil letztere mit irgendwelchen bestimmten dritten Personen, insbesondere mit Außenseitern, geschäftlichen Verkehr unterhalten oder den Beitritt zu einem Zusammenschluß abgelehnt hat. Ebenso wie die völlige Ablehnung des Geschäftsverkehrs ist es auch strafbar, wenn der Geschäftsverkehr von nachteiligen Bedingungen abhängig gemacht wird. Diese Vorschrift, die Koch[2]) als ein bloßes Sperrverbot ansieht, geht in Wirklichkeit weiter und begründet einen bedingten Kontrahierungszwang. Bedingt ist dieser Kontrahierungszwang insofern, als er vom Vorhandensein bestimmter subjektiver Motive für die Ablehnung des Geschäftsverkehrs abhängig ist. Wer aus bestimmten, in der Vorschrift im einzelnen angegebenen Gründen den Geschäftsverkehr ablehnen möchte, ist verpflichtet, den Geschäftsverkehr aufzunehmen. Ein Kontrahierungszwang geht über Gefahrenabwehr hinaus, bedeutet vielmehr einen positiven Eingriff in den Wirtschaftsverlauf. Allerdings findet sich eine solche Verwischung der Grenzen zwischen Sperrverbot und Kontra-

---

[1]) Den Unterschied zwischen dem detriment of the public im Sinne der Rechtsprechung über den restraint of trade und im Sinne des australischen Gesetzes verkennt Simpson in seiner Kritik der Adelaide-Entscheidung Law Quarterly Review 1925 S. 409, Kartellrundschau 1926 S. 394

[2]) Grundzüge des englischen Kartellrechts S. 39.

hierungszwang auch in Deutschland, zwar nicht im deutschen Gesetz, wohl aber in der Praxis des Kartellgerichts, nämlich in der bekannten Entscheidung gegen den Norddeutschen Zementverband.[1])

2. Ziemlich rückschrittlich, wenigstens in seiner Motivierung, ist im Gegensatz zu dem australischen Gesetz das neueste kanadische Gesetz, die Combines Investigation Act 1923.[2]) Die Überschrift trifft nicht zu, denn das Gesetz beschränkt sich durchaus nicht auf eine bloße Ermittelung von combines, sondern droht den Teilnehmern eines unzulässigen combines kriminelle Strafen an (sect. 26) und sieht außerdem Zollherabsetzung vor, falls durch ein solches die Erträge der Fabrikanten und Händler auf Kosten des Publikums erhöht werden sollen (sect. 23). Es verbietet Kartelle, Fusionen und holding companies, welche gegen das Interesse des Publikums, seien es Verbraucher, Erzeuger oder andere, gewirkt haben oder wahrscheinlich wirken werden.

Offenbar fehlt hier der Gedanke, daß die Volkswirtschaft ein Organismus ist, dessen Gedeihen die Kartellgesetzgebung vor schädlichen Eingriffen schützen will. Das „Publikum" wird hier wie in der alten Rechtsprechung gegen den restraint of trade als eine Summe von Einzelpersonen aufgefaßt.

3. Eine ziemlich vollständige Sammlung aller denkbaren Motivierungen enthält das norwegische Gesetz betreffend Kontrolle von Konkurrenzeinschränkungen und Preismißbrauch vom 12. März 1926.[3]) Die Überschrift deutet einerseits auf den Schutz des freien Wettbewerbes, andererseits auf eine Wuchergesetzgebung hin. Aus dem erstgenannten Ideenkreis stammt das Sperrverbot des § 21 sowie das in § 22 normierte Verbot von Exklusivverträgen. § 20 enthält den Gedanken der Kartellpolizei, da die Auflösung eines Zusammenschlusses für den Fall vorgesehen wird, daß der Zusammenschluß einen schädlichen Einfluß „auf Preis-, Produktions- und Absatzverhältnisse im Inlande ausübt". Die Grenze von der bloßen Kartellpolizei zur staatlichen Fürsorge wird wie in der Australian Industries Preservation Act durch die Formulierung des Sperrverbots überschritten, das auch hier als bedingter Kontrahierungszwang ausgestaltet ist. Als Sperre gilt nämlich nach § 21 eine aus Gründen der Konkurrenzregulierung erfolgende Weigerung der Eingehung einer Geschäftsverbindung. Endlich fehlt auch nicht der Gedanke des unlauteren Wettbewerbs, da § 20 die Auflösung eines Zusammenschlusses auch für den Fall zuläßt, daß seine Tätigkeit als „ungebührlich" angesehen werden muß.

[1]) Nr. 110 vom 27. Februar 1929.

[2]) In Übersetzung mitgeteilt bei Lammers, Kartellgesetzgebung des Auslands S. 85 ff.; dazu Koch a. a. O. S. 47 ff.; Notz, Antitrustgesetzgebung und Judikatur Kanadas, Kartellrundschau 1929 S. 615 ff.

[3]) In Übersetzung mitgeteilt von Thagaard, Kartellrundschau 1926 S. 133 ff., und von Lammers a. a. O. S. 98.

Berücksichtigt man, daß die Industrie, gegen welche das Gesetz mit einem solchen Arsenal von Waffen vorgeht, in Norwegen nur in recht bescheidenem Umfang existiert, so liegt der Vergleich mit dem Liechtensteinschen Handelsgesetzbuch nahe, dessen Reichtum an handelsrechtlichen Gesellschaftsformen ja auch im umgekehrten Verhältnis zu der Bedeutung des Liechtensteinschen Handels steht. Nur daß allerdings das Liechtensteinsche Gesetz den klug berechneten und für die Finanzen des Landes erfreulichen Effekt gehabt hat, alle möglichen ausländischen Gesellschaften mindestens formell nach Liechtenstein zu ziehen, während das norwegische Gesetz höchstens abschreckend wirken kann.

4. Das jüngste aller geltenden Kartellgesetze, das dänische Gesetz vom 27. März 1929,[1] bezweckt nach seinem Inhalt ausschließlich den Schutz der individuellen Freiheit. Es erklärt in § 1 Kollektivverträge für unklagbar, die in unberechtigter Weise den freien Zugang des einzelnen zu Erwerb und Arbeit beschränken. Ein Boykott oder eine sonstige persönliche oder wirtschaftliche Verfolgung, die in unberechtigter Weise den freien Zutritt des einzelnen zu Erwerb und Arbeit beschränken oder einen Organisationszwang ausüben will, ist widerrechtlich und zieht sowohl eine zivilrechtliche Schadensersatzpflicht als auch eine strafrechtliche Verfolgung nach sich.

Es wäre naheliegend, aus den vorgetragenen historischen und rechtsvergleichenden Daten Folgerungen für die künftige Gestaltung der deutschen Kartellgesetzgebung abzuleiten. Indessen soll davon abgesehen werden. Welche Stellung der Verfasser zu dem Problem der Kartellgesetzgebung einnimmt, ist anderwärts dargelegt.[2] Hier soll lediglich eine Forderung mehr methodischer Art aufgestellt werden:

Es ist nicht sehr wahrscheinlich, daß außer den rechts- und wirtschaftspolitischen Motivationen, welche den besprochenen Gesetzgebungen der Vergangenheit und Gegenwart zugrunde liegen, weitere Motivationen zurzeit in Frage kommen. Verhinderung übermäßigen Gewinns, Schutz der wirtschaftlichen Freiheit des Individuums, Schutz des Gewerbegenossen gegen unlauteren Wettbewerb, Schutz des Verbrauchers gegen Überteuerung, Schutz der Gesamtwirtschaft dagegen, daß die wirtschaftliche Entwicklung von privaten Machtkörpern in unerwünschte Bahnen gelenkt wird, endlich planmäßige Beeinflussung der Wirtschaft im Sinne der vom Staate betriebenen Wirtschaftspolitik: das sind die Grundgedanken, die wir in den bisherigen Kartellgesetzgebungen angetroffen haben und die wohl alle Möglichkeiten erschöpfen. Wenigstens hat der Verfasser in der umfassenden Literatur, die sich mit Problemen der Kartellgesetzgebung beschäftigt, weitere Ideen nicht vorgefunden.

Eine fruchtbringende Behandlung des Problems der Kartellgesetzgebung setzt hiernach zunächst voraus, daß man sich für die

[1] Kartellrundschau 1929 S. 458.

[2] Isay-Nipperdey, Reform des Kartellrechts 1928.

eine oder andere dieser rechts- und wirtschaftspolitischen Zielsetzungen oder vielleicht auch für eine Kombination derselben entscheidet. Der zweite Schritt besteht dann darin, daß man die zu ihrer Verwirklichung geeigneten gesetzestechnischen Mittel ausfindig macht. Aber die Diskussion über die Mittel hat erst Sinn, wenn man sich über das wirtschaftspolitische Ziel klargeworden ist.

Daß dieser Forderung bei der bisherigen Erörterung des Kartellproblems stets genügt worden wäre, kann man beim besten Willen nicht behaupten. Das ist m. E. eine der hauptsächlichen Ursachen, weswegen bisher in der Kartelldiskussion die Meinungen so hoffnungslos durcheinander- und auseinandergehen.

Eine wirtschaftspolitische Diskussion aber, die nicht weiß, von welcher wirtschaftlichen Weltanschauung sie ausgeht und welche Ziele sie verfolgt, die vielmehr mit bloßen Sentiments arbeitet, ist ziemlich wertlos. Aus diesem Grunde haben, wie ich glaube, historische und rechtsvergleichende Arbeiten, welche die verschiedenen möglichen Motive einer Kartellgesetzgebung herauszuarbeiten suchen, nicht bloß theoretisches, sondern auch praktisches Interesse. Hoffentlich gibt die vorliegende Arbeit den Anstoß zu weiterer Vertiefung in jene Probleme!

Zweiter Teil

Die Entwicklung der Kartellgesetzgebung seit 1930 und Gesamtüberblick

Die im Vorstehenden enthaltene Geschichte der Kartellgesetzgebung wurde im Jahre 1929 geschrieben und Anfang 1930 veröffentlicht, also in einem Zeitpunkt, der ebenso wie der August 1914 als Zeitenwende angesehen werden kann. In dem Jahrzehnt, das seit dem Ende des ersten Weltkrieges verstrichen war, namentlich in den sechs Jahren seit Beilegung des Ruhrkonflikts und Beendigung der Inflation, hatte Deutschland sich fühlbar erholt und man konnte mit guten Hoffnungen in die Zukunft blicken. Aber am 23. Oktober 1929 brach das überhöhte Kursgebäude der New Yorker Börse zusammen und damit die amerikanische Prosperity. Bald griff die Krise auf Europa über und zog durch Kündigung der Auslandskredite besonders Deutschland in Mitleidenschaft. Es entstand ein Millionenheer von Arbeitslosen und die Not der Massen bereitete die Machtergreifung des Nationalsozialismus vor. Letztere führte zum zweiten Weltkriege und dieser zu einem ungeahnten Machtzuwachs des russischen Kommunismus. Erst heute, annähernd zehn Jahre nach dem Ende des zweiten Weltkrieges, kann man wieder von einer halbwegs normalen Wirtschaftslage, aber leider noch nicht von einer entspannten politischen Atmosphäre sprechen. Die Wirtschaftslage muß prekär bleiben, solange die weltpolitische Unsicherheit fortbesteht.

Man könnte annehmen, daß diese bewegten 25 Jahre auch das Kartellproblem in neuem Lichte haben erscheinen lassen. Schon die psychologischen Wirkungen der Wirtschaftskrisis waren gewaltig, wenn auch vielleicht in dem vom ersten Weltkriege bereits erschütterten Europa nicht ganz so groß wie in den Vereinigten Staaten[1]). Erst recht hat der zweite Weltkrieg zu einer Umwälzung altgewohnter Vorstellungen geführt. Daher läge die Annahme nahe, daß zu den in dem ursprünglichen Aufsatz aus der Geschichte von vier Jahrhunderten abstrahierten Motivationen für eine Kartellgesetzgebung (S. 46) neue gesetzgeberische Prinzipien hinzugekommen sind.

Die Annahme trifft nicht zu. Obwohl die letzten 25 Jahre in allen Ländern der Welt durch große Aktivität auf dem Gebiete der Kartellgesetzgebung gekennzeichnet waren, lassen sich keine neuen Gedankengänge feststellen. Die Gesetzgebung beschränkt sich darauf, alten Wein in neue und nicht stets bessere Schläuche zu füllen.

---

[1]) Vgl. die anschauliche Schilderung von F. L. Allen, The big change (Harper, New York 1952) S. 147ff

I.

Vor 25 Jahren war in Deutschland die Kartellverordnung von 1923 geltendes Recht. Sie unterschied sich in ihren Grundgedanken scharf von den älteren Rechtssystemen. Aus diesen konnte man, wie oben (S. 41, 46) dargelegt, stets ein einzelnes Leitmotiv heraushören: Verhinderung übermäßigen Gewinnes, Schutz der wirtschaftlichen Freiheit des Individuums, Befreiung des Wettbewerbs von Beschränkungen, Schutz des Verbrauchers, oder schließlich planmäßige Lenkung der Wirtschaft. Selbstverständlich klangen neben dem Leitmotiv stets auch andere Motive mit, aber jenes blieb dominierend.

Die Kartellverordnung überwand diese Eingleisigkeit des Denkens. Ihr lag die Erkenntnis zugrunde, daß die komplizierte Wirtschaft der Neuzeit nicht nach einem einzigen Prinzip orientiert werden darf, vor allem aber, daß Wettbewerb und Wettbewerbsbeschränkungen beide einen Januskopf besitzen und sowohl schädlich wie nützlich sein können. Chamberlin, einer der bedeutendsten amerikanischen Nationalökonomen drückt diesen Gedanken folgendermaßen aus:

> „Not only the real world, but also the welfare ideal, is a complex of monopoly and competition"[1]).

Daher sah die Kartellverordnung das Problem der modernen Kartellgesetzgebung mit Recht darin, die beiden gegenläufigen Tendenzen zum Besten der Gesamtwirtschaft einigermaßen in Harmonie zu bringen. Das kommt in der bei Bekanntmachung der Kartellverordnung an die Presse ergangenen amtlichen Mitteilung klar zum Ausdruck[2]). Wie es dort heißt,

> „besteht ein allgemeines Interesse daran, durch Wiederherstellung wirklicher Marktfreiheit eine künstliche Einschränkung der Erzeugung, übermäßige Risikozuschläge und Preisstellungen, die durch die tatsächlichen Produktionskosten nicht begründet sind, nachdrücklichst zu bekämpfen und die Kreise der Produktion und des Handels wieder zu dem vielfach verlorengegangenen Verantwortungsbewußtsein gegenüber dem Gemeinwohl zurückzuzwingen.
>
> Die Reichsregierung glaubt aber, zur Erreichung dieses von ihr entschieden angestrebten Zieles nicht den Weg der völligen Zertrümmerung der Kartelle beschreiten zu dürfen, wie es von manchen Seiten gefordert wird. In diesen radikalen Plänen dürfte die volkswirtschaftlich bedeutsame Funktion verkannt werden, zu welcher verantwortungsbewußte Erzeugerorganisationen gerade in der augenblicklichen Wirtschaftskrise berufen erscheinen. Wenn durch die vorliegende Verordnung die Handhabe geboten werden soll, um die schädlichen Auswüchse des Kartellwesens mit aller Schärfe zu bekämpfen, so will sie andererseits diese Organisationen durch ihre Reinigung dazu befä-

---

[1]) In dem von ihm herausgegebenen Sammelwerk „Monopoly and competition and their regulation" (London 1954) p. 260. Vgl. ferner in dem gleichen Sammelwerk den Beitrag von Rothschild „Wastes of competition", p. 301 ff., 308ff.

[2]) Abgedruckt bei Isay-Tschierschky, KVO S. 414ff.

higen, der Anbahnung einer lauteren Geschäftsgebarung, der Verbreitung rationeller Produktionsmethoden und einer Vereinheitlichung der Preisbildung zu dienen. Schließlich darf nicht übersehen werden, daß eine völlige Zertrümmerung der Kartelle auf die Dauer die Marktfreiheit keineswegs begünstigen, sondern gerade in dem kommenden Umbildungsprozeß nur eine große Zahl gesunder, mittlerer und kleinerer Betriebe der finanziellen Übermacht großer Konzerne ausliefern würde".

Die Erkenntnis der in der heutigen Wirtschaft begründeten Antinomie, d. h. der Tatsache, daß sowohl Wettbewerb wie Wettbewerbsbeschränkungen volkswirtschaftlich nützlich und volkswirtschaftlich schädlich sein können, ist heute die Voraussetzung einer jeden brauchbaren Kartellgesetzgebung. Deshalb sei es gestattet, diesen Tatbestand kurz zu analysieren[1]).

1. Die moderne Marktwirtschaft benutzt den Wettbewerb der Wirtschaftssubjekte sowohl als Motor wie als Steuerungsmittel. Der Wettbewerb treibt die Marktteilnehmer zu höchstmöglicher Leistung an, denn er belohnt durch guten Gewinn denjenigen, der eine volkswirtschaftlich nützliche Leistung vollbringt. Auch lenkt der Wettbewerb die Arbeit der einzelnen Wirtschaftler normalerweise automatisch auf ein gesamtwirtschaftlich wichtiges Ziel. Der Mechanismus ist nach der klassischen Markttheorie der folgende:

Gemäß dem Gesetz von Angebot und Nachfrage führt die Knappheit eines Erzeugnisses zu seiner Verteuerung. Das veranlaßt die Unternehmer durch die Hoffnung auf Gewinn zu vermehrter Erzeugung des fraglichen Produkts. Infolgedessen wird der Bedarf, der sich in dem hohen Preis ausdrückte, nunmehr gedeckt und der Preis durch ein stärkeres Angebot auf ein angemessenes Maß herabgedrückt. Sinkt der Preis zu stark, so werden diejenigen Unternehmer, die bei den niedrigen Preisen keinen Gewinn mehr erzielen, ihre Erzeugung einschränken und sich auf andere Produkte umstellen. Dadurch werden Angebot und Nachfrage wieder ins Gleichgewicht gebracht und der Preis pendelt sich von selbst auf derjenigen Höhe ein, die nötig ist, um den Anreiz zur Deckung des jeweiligen Bedarfs zu schaffen.

Diesem Mechanismus wirkt die Kartellierung entgegen. Sie hält den Preis künstlich höher, als er sich nach dem Gesetz von Angebot und Nach-

[1]) Vgl. zum Folgenden besonders Röper, Die Konkurrenz und ihre Fehlentwicklungen; Wessels, Grundprinzipien der Marktwirtschaft, Veröff. d. Volkswirtsch. Gesellsch. Bd. 2; Wagemann, Berühmte Denkfehler der Nationalökonomie (München 1951); Von der ausländischen Literatur ist besonders das von Chamberlin herausgegebene Sammelwerk „Monopoly and Competition and their Regulation" (London 1954) wichtig, das 24 Beiträge führender europäischer und amerikanischer Wirtschaftswissenschaftler enthält. Die Schrift gibt ein besseres Bild der amerikanischen Meinung zum Konkurrenzproblem, als es europäische Besucher durch die Vorträge der Juristen erhalten, seien es Beamte der Antitrustbehörden oder Trustanwälte. I. M. Clark beispielsweise bemerkt ironisch zu deren wirtschaftspolitischen Anschauungen: „Once a case came into the courts the lawyers both for the prosecution and for the defence needed a theory, and ... that theory was usually bad; it was disturbing to see the court forced to chose between bad theories" (S. 521, vgl. auch S. 325).

frage automatisch einspielen würde. So entsteht in dem kartellierten Gewerbezweige der Anschein einer Warenknappheit, die in Wirklichkeit nicht besteht. Daher können die Kartelle die Erzeugung von Waren steigern, die schon reichlich produziert werden, und zur Überkapazität führen. Durch künstliche Hochhaltung des Preises ersparen sie dem Unternehmer den Zwang zur Senkung seiner Kosten und zur Steigerung seiner Leistung. Sie können ihm also ein Rentnerdasein auf Kosten des Verbrauchers verschaffen.

Vorstehendes ist die einleuchtende Begründung für die Notwendigkeit einer Kartellgesetzgebung. Die Begründung ist nicht falsch, aber sie leidet an dem Fehler, die Dinge zu sehr zu vereinfachen. Das Kartellproblem ist seit jeher ein beliebtes Steckenpferd der „terribles simplificateurs". Gerade an ihm sind die Denkgewohnheiten geübt worden, die Wagemann[1]) für die Fehlleistungen der Nationalökonomie verantwortlich macht, und als das invidualistische, das monistische, das absolutistische und das maßvergessene Denken kennzeichnet. Vor allem rechnet jene Begründung mit einem völlig rational handelnden homo oeconomicus, der in der Wirklichkeit nicht vorkommt[2]) sowie mit völliger Markttransparenz, also damit, daß alle Marktbeteiligten (Erzeuger, Händler und Verbraucher) über die Eigenschaften der Ware und über die Marktlage restlos im Bilde sind[3]). Eine solche gibt es schon deshalb nicht, weil nicht einmal die Hausfrau, geschweige denn der berufstätige Mensch, die Zeit aufwenden kann, um zu erforschen, wo jeweils die beste Ware zum billigsten Preise zu haben ist. Es ist nicht möglich, für die Milliarden von Umsatzgeschäften, die sich täglich vollziehen, den günstigsten Preis zu ermitteln oder gar auszuhandeln. Daher nimmt in der modernen Wirtschaft die sog. Trennung der Preisbildung vom Umsatzgeschäft (Vershofen) einen immer größeren Raum ein. Eine Art dieser Trennung besteht in der Bildung von Preiskartellen, eine andere in der Preisbindung von Markenartikeln. Auch der Abschluß von Tarifverträgen zwischen Arbeitgebern und Arbeitnehmern gehört in diese Kategorie, weil auch durch Tarifveräge sich das Aushandeln der für den Einzelfall gültigen Vertragsbedingungen erübrigt.

2. Vielfältige Unklarheiten und Mißverständnisse werden zunächst dadurch hervorgerufen, daß man einfach von „Wettbewerb" spricht, ohne sich über das Schillernde des Begriffs klar zu sein. Mehrere Begriffspaare kann man einander gegenüberstellen[4]).

---

1) A. a. O. S. 255.

2) Vgl. hierzu v. Nell-Breuning, Ordo 3 S. 220; Schmölders, Ordo 5 S. 211ff., 218ff., 223ff.; I. M. Clark, bei Chamberlin a. a. O. S. 334ff.

3) Rothschild bei Chamberlin a. a. O., S. 306ff., 310ff.

4) Zum folgenden vgl. Edwards bei Chamberlin S. 190ff.; Joan Robinson ebendort S. 245ff.; I. M. Clark ebendort S. 323ff.

a) Auch der überzeugteste Anhänger der Wettbewerbswirtschaft bestreitet nicht, daß der Wettbewerb entarten kann. Typische Beispiele hierfür sind die Tatbestände, die das Gesetz gegen den unlauteren Wettbewerb verbietet[1]). Das Gegenstück des unlauteren Wettbewerbs ist der sog. Leistungswettbewerb.

Aber dieser Begriff entbehrt der Schärfe. Vielfach bleibt unklar, ob er jeden Wettbewerb in sich schließt, der nicht geradezu als unlauter zu verurteilen ist, oder aber nur denjenigen Wettbewerb, der volkswirtschaftlichen Nutzen bringt. Würde man den Begriff in diesem letzteren Sinne auffassen, so würde man bei wertender Betrachtung zwischen dem unlauteren und dem Leistungswettbewerb eine neutrale Zone des volkswirtschaftlich indifferenten Wettbewerbs anzuerkennen haben.

Eine eindeutige Terminologie hat sich bisher nicht herausgebildet. Vielfach hat man in Wahrheit nur den echten Leistungswettbewerb im Auge, wenn man kurz von Wettbewerb spricht. Zu welchen Fehlschlüssen das führen kann, liegt auf der Hand. Niemand wird ein Kartell mißbilligen, das sich die Bekämpfung unlauteren Wettbewerbs zur Aufgabe macht. Aber die Beurteilung wird auch schon danach verschieden ausfallen, je nachdem das Kartell den volkswirtschaftlich indifferenten Wettbewerb oder den Leistungswettbewerb im engeren Sinne beschränken will.

b) Legt man nicht einen Wertmaßstab an, sondern fragt man nach den technischen Mitteln, mit denen der Wettbewerbskampf geführt wird, so erhält man die Begriffe des Preiswettbewerbs, des Qualitätswettbewerbs, des Propagandawettbewerbs, des Nebenleistungswettbewerbs usw.

Der oben unter 1 dargestellte Mechanismus, kraft dessen der Wettbewerb als Motor und als Steuerungsmittel der Marktwirtschaft fungiert, benutzt den Preiswettbewerb, also das Streben, durch Angebot eines günstigeren Preises den Konkurrenten aus dem Felde zu schlagen. Selbstverständlich kann man aber auch bei gleichem Preise durch Angebot einer besseren Qualität den Kunden für sich gewinnen. Es genügt sogar vielfach schon, daß man dem Kunden durch intensive Reklame die Überzeugung suggeriert, die eigene Ware sei besser als die des Konkurrenten. Von großer Bedeutung sind ferner in der heutigen Wirtschaft Nebenleistungen aller Art. Bald spielen sie in der Form des sog. Service meist eine nützliche, bald in der Form des Zugabewesens eine zweifelhafte Rolle.

Auch von dieser Klassifizierung des Wettbewerbs aus kommt man zu nüancierter Beurteilung kartellmäßiger Wettbewerbsbeschränkungen. Kartellvereinbarungen, welche Auswüchsen des Zugabewesens oder unproduktiver Reklame entgegentreten, werden wohl stets positiv beurteilt

[1]) Rothschild, a. a. O. S. 311 schreibt. „While the element of competition can play a useful and constructive part in some departments of our lives, its unrestricted acceptance as the basic driving force will foster undesirable qualities like greed, fraud, ruthlessness, at the cost of truthfulness, readiness to help, solidarity".

werden. Kartelle, die zwar den Preiswettbewerb einschränken, dafür aber die Beteiligten auf den Qualitätswettbewerb abdrängen, wird man mindestens nicht leicht verdammen. Sicherlich wird man sie dort billigen, wo durch übertriebenen Preiskampf Pfuscharbeit droht.

c) Ein anderes Begriffspaar wird gebildet, indem man „offenen" und „latenten" Wettbewerb einander gegenüberstellt. Man kann auch von „aktuellem" und „potentiellem" Wettbewerb sprechen. Besonders beim Preiswettbewerb wird dieser Gegensatz bedeutsam[1]).

Offener oder aktueller Wettbewerb in bezug auf die Preise ist gegeben, wenn ein Preiskampf auf dem Markte durch wechselseitige Unterbietung tatsächlich ausgefochten wird. Latenter oder potentieller Wettbewerb ist vorhanden, wenn zwar zur Zeit ein stabiles, von allen Beteiligten eingehaltenes Preisniveau besteht, aber jederzeit, namentlich bei Erhöhung der geltenden Preise oder bei Aufrechterhaltung des derzeitigen Preisniveaus trotz rückläufiger Konjunktur oder sinkender Kosten, ein Preiskampf einsetzen kann.

Beide Arten des Wettbewerbs halten den unter 1 geschilderten Mechanismus in Gang, der dahin tendiert, daß die Preise sich auf einem mittleren Niveau bewegen. Denn auch bei bloß potentiellem Wettbewerb werden vernünftige Kaufleute keine überhöhten Preise fordern, um nicht neue Konkurrenz anzulocken und so die Gefahr eines Preiskampfes heraufzubeschwören. Dabei genügt es, daß ein beachtlicher Prozentsatz der Marktbeteiligten aus Sorge vor potentiellem Wettbewerb auf mäßige Preise hält. Ihre Konkurrenten können dann keine höheren Preise fordern, selbst wenn sie möchten.

Joan Robinson schildert den Effekt potentieller Konkurrenz folgendermaßen:

> „The fear of new entry made for moderate prices, because excessive prices yielding very high profits might attract new entrants; it promoted more rapid technical development than might be expected if monopolies were secure; it made for improvement in quality and also for wider advertising and product differentiation by superficially attractive trimmings[2])".

Der potentielle Wettbewerb ist nicht auf den fraglichen Gewerbszweig selbst beschränkt. Wird beispielsweise der Preis von Aluminiumkochtöpfen übersteigert, so kann die Hausfrau auf Emailletöpfe, auf Töpfe aus rostfreiem Stahl und sogar auf Geschirr aus Jenaer Glas ausweichen, obwohl diese Erzeugnisse von ganz anderen Fabrikanten hergestellt werden. Ähnlich stehen die verschiedenartigsten Textilfasern in Wettbewerb, wenngleich Baumwollspinnereien keine Kunstspinnstoffe erzeugen.

[1]) Vgl. hierzu namentlich Wessels, Schmollers Jahrbuch 59 S. 553ff. und 565ff. Griffin in dem von Chesterfield Oppenheim für die Michigan Law School herausgegebenen Sammelwerk „Lectures on Federal Antitrust Laws" (1953) S. 34.

[2]) Bei Chamberlin, a. a. O. S. 499ff.

Die Intensität des potentiellen Wettbewerbs schwankt von Branche zu Branche. Einen neuen Gemüse- oder Tabaksladen aufzumachen, erfordert weder große Mittel noch schwer erlangbare Kenntnisse. Hier ist die potentielle Konkurrenz also sehr stark. Ein neues Stahlwerk zu errichten, ist in jeder Beziehung ein schwierigeres Problem. Diese natürlichen Unterschiede müssen als wirtschaftspolitisch nützlich betrachtet werden. Griffin schreibt:

> „It is socially desirable that these obstacles should exist. For, after all, the starting of a new enterprise in that industry requires the use of millions of dollars of capital and the time and services of thousands of men. These are ... valuable social assets, and they should not be lightly committed"[1]).

Preiskartelle streben stets danach, den offenen (aktuellen) Preiswettbewerb auszuschließen, und es gelingt ihnen, sofern nicht etwa in- oder ausländische Außenseiter vorhanden sind, welche die Kartellpreise unterbieten. Dagegen schließt ein Preiskartell die latente (potentielle) Konkurrenz nur dann aus, wenn es im Stande ist, die Entstehung neuer Außenseiter zu verhindern. Neue Außenseiter können sich z. B. durch Ausscheiden von Kartellmitgliedern oder durch Gründung von Konkurrenzunternehmen bilden. Die latente (potentielle) Konkurrenz wird durch ein Kartell also nur dann beseitigt, wenn es einen starken Organisationszwang auszuüben vermag, und zwar sowohl nach innen, d. h. durch feste Bindung der Mitglieder, als auch nach außen, indem es beispielsweise durch Rohstoffsperren, durch Bindung der Kundschaft und ähnliche Mittel den Außenseitern das Leben schwer macht und die Entstehung neuer Außenseiter verhindert. Eine Kartellgesetzgebung, die Preiskartelle gestattet, aber ihnen die Ausübung des inneren und äußeren Organisationszwanges erschwert, läßt somit den potentiellen Wettbewerb bestehen.

3. Speziell beim Preiskampf drängen sich weitere Unterschiede auf, wenn man die Methoden untersucht, mit denen er durchgeführt wird.

a) Der Preiskampf kann beispielsweise in mehr oder weniger weitgehendem Verzicht auf Gewinn und sogar im Verkauf unter Selbstkosten bestehen.

Keine Meinungsverschiedenheit wird darüber herrschen, daß Verzicht auf übermäßigen Gewinn wünschenswert ist. Andererseits ist ein Verkauf unter Selbstkosten höchstens als vorübergehende Ausnahme zu billigen, zumal er oft ein Mittel der Marktstrategie kapitalstarker Unternehmen ist, um unbequeme kleine Mitbewerber aus dem Wege zu räumen und eine Monopolstellung zu erobern. Aber wo ist die richtige Grenze in dem weiten Felde zu ziehen, das zwischen jenen beiden Extremen liegt, wo also ein guter, aber nicht übermäßiger Gewinn erzielt wird? Verminderung der Gewinnspanne bewirkt billigere Versorgung der Verbraucher

---

[1]) Bei Oppenheim, a. a. O. S. 33ff., 39.

und ist insofern erstrebenswert. Andererseits bedeutet sie geringere Kapitalbildung der Unternehmen, und das schränkt die technische Erneuerung und Erweiterung der Betriebe sowie Forschungs- und Entwicklungsarbeit ein.

Wird aus Kapitalknappheit der technische Ausbau der Betriebe zurückhaltend vorgenommen, so bedeutet das zunächst eine schlechtere Beschäftigung der Investitionsgüterindustrien. Andererseits bestimmt der Beschäftigungsgrad der Investitionsgüterindustrien weitgehend die Gesamtkonjunktur:

> „Aus mangelnder Investition entstehen Unterbeschäftigung und Arbeitslosigkeit"[1]).

Ungenügende Kapitalbildung innerhalb der Industrie wirkt dann besonders ungünstig, wenn der Kapitalmarkt nicht voll funktioniert. Aber auch ein normaler Kapitalmarkt versorgt in der Hauptsache die Großbetriebe. Kleine und mittlere Betriebe sind in der Regel auf Selbstfinanzierung aus Gewinnrücklagen angewiesen.

b) Wenn technische Verbesserung, Entwickelung und Forschung nicht oder nur ungenügend möglich sind, so wird damit diejenige Form des Preiswettbewerbs erschwert, die auf Senkung der Erzeugungskosten beruht. Zu Investitionen und Forschung braucht man Geld, Ruhe und eine „Konstanz der Daten"[2]), d. h. eine gewisse Stabilität der Preisrelationen, die für die geplanten Investitionen eine Gewinnkalkulation auf lange Sicht ermöglichen. Daran fehlt es, wenn der Unternehmer in täglichem erbittertem Preiskampf mit der Konkurrenz zu ringen hat. Andererseits ist Kostensenkung besonders wünschenswert, da sie auf eine Erhöhung des Lebensstandards und eine Vermehrung des Exports hinausläuft.

Hier wird die Antinomie deutlich sichtbar: Preiskampf weckt das Streben nach Kostensenkung. Mit ihrer Hilfe kann der Unternehmer trotz billiger Preise immer noch verdienen und seinen Konkurrenten aus dem Felde schlagen. Andererseits erschwert der Preiskampf die Kostensenkung, da er die Bedingungen beeinträchtigt, von denen die Möglichkeit einer Kostensenkung abhängig ist[3]). Umgekehrt können Preiskartelle dem Unternehmer zwar die Mittel, Ruhe und die „Datenkonstanz" gewähren, die zum Streben nach Kostensenkung nötig sind, nehmen ihm aber das Interesse daran, sich um Kostensenkung zu bemühen, sofern nicht die potentielle Konkurrenz erhalten bleibt[4]).

---

[1]) Eucken Ordo 2 S. 42, 89, Grundsätze der Wirtschaftspolitik (1952) S. 285ff., 309ff.

[2]) Eucken, Ordo 2 S. 44, 89, 91, Wirtschaftspolitik S. 287ff., 310ff.

[3]) I. M. Clark bei Chamberlin a. a. O. S. 330: „We want competition to eliminate the less efficient, without demoralizing whole trades".

[4]) Vgl. das abgewogene Urteil von Hennipman bei Chamberlin a. a. O. S. 427ff., 448ff., 454ff., 514.

4. Oben wurde der Automatismus der Marktwirtschaft geschildert, der darin besteht, daß eine Preissteigerung vermehrtes Angebot, eine Preissenkung dagegen Angebotsrückgang hervorruft und dadurch ein Einpendeln der Preise auf mittlerer Höhe und eine selbsttätige Lenkung der Produktion in Richtung des Bedarfs bewirkt.

a) Dieser an sich wünschenswerte Automatismus setzt jedoch voraus, daß die Anbieter auf eine Preissteigerung durch vermehrtes Angebot, auf eine Preissenkung durch vermindertes Angebot reagieren können, mit anderen Worten, daß das Angebot elastisch ist.

Diese Elastizität war vorhanden, als der klassische Liberalismus seine Lehre entwickelte. Heute fehlt sie weitgehend. Moderne Erzeugerbetriebe besitzen kostspielige Anlagen, die auf lange Sicht errichtet werden. Ganz besonders gilt das für die Grundstoffindustrien. Ein Kohlenbergwerk beispielsweise, das heute begonnen wird, fördert nach 10 bis 15 Jahren die erste Kohle, und die Anlagekosten einer Schachtanlage übersteigen hundert Millionen DM. Aber auch in der Verfeinerungsindustrie ist es weitgehend unmöglich, Anlagen bei plötzlich auftretendem Bedarf zu errichten und sie bei Rückgang der Nachfrage stillzulegen. Schon eine Verminderung der Beschäftigung ist möglichst zu vermeiden, denn Zinsen und Amortisation der investierten Kapitalien sowie die sonstigen fixen Spesen laufen weiter. Verringert ein kapitalintensiv aufgezogener Betrieb bei absteigender Konjunktur die Erzeugung, so kommt das einzelne Stück teurer zu stehen, obwohl gleichzeitig der Erlös sinkt. Dadurch ist der Anreiz geschaffen, bei verringerter Nachfrage und sinkendem Preise die Erzeugung nicht zu senken, sondern im Gegenteil durch Unterbietung der Konkurrenten den Umsatz womöglich zu vergrößern. Es tritt ein „marktgegenläufiges" Verhalten ein und ein allgemeiner Preiskampf.

Eigenartigerweise löst der Preiskampf oft auch auf der Abnehmerseite ein marktgegenläufiges Verhalten aus. Denn in Erwartung weiterer Preissenkung halten die Abnehmer mit ihren Käufen zurück. Besonders gilt das für die Investitionsgüterindustrie. Schon eine beschränkte Depression mahnt zur Vorsicht, und die heutige Generation hat die Wirtschaftskrise von 1930 noch gut im Gedächtnis. Der Kampf der Anbieter um den Absatz und die Zurückhaltung der Käufer aus Furcht vor einer Krisis enden leicht in einer Panik, die ihrerseits die wirkliche Krisis herbeiführt[1]).

---

[1]) Typisch sind die Erfahrungen, die nach dem Krach der Gründerjahre der Steinkohlenbergbau des Ruhrreviers machte: 1873 betrug der Förderkohlenpreis 15 RM je t, 1878 nur noch 5 RM. Heute pendelt er um 60 DM. Der Druck des Konkurrenzkampfes zwang damals den Bergbau, möglichst rasch und billig zu arbeiten. Er lieferte daher schlechte Kohle, trieb Raubbau und die Betriebssicherheit litt (E. Gothein, Grundriß der Sozialökonomik, VI S. 312). Vgl. ferner Böhm, Ordo 4 S. 219

Selten läßt sich ein Preiskampf durch Umstellung auf ein anderes Erzeugnis vermeiden. Die vorhandenen Anlagen sind heute, im Zeitalter der spezialisierten Fertigung, weniger „fungibel" als in früheren Zeiten[1]). Auch durch einen Ausleseprozeß wird der Kampf kaum je beendet. Bei dem hohen Wert der Anlagen wird ein zusammengebrochenes Unternehmen fast stets aufgekauft, häufig von einem Großunternehmen, das auf diese Weise seine Marktstellung verstärkt. Auch trifft der Zusammenbruch keineswegs stets die leistungsunfähigen Unternehmen[2]). Frisch rationalisierte Betriebe, namentlich wenn die Rationalisierung im Wege der Selbstfinanzierung erfolgte, sind wegen verminderter Liquidität sogar besonders gefährdet.

Frühzeitig gebildete Kartelle können Krisen weitgehend mildern und sogar schon im Entstehen abfangen. Sie verhindern den hemmungslosen Preiskampf, namentlich wenn sie auch Erzeugungs- oder Absatzquoten festsetzen. Statt daß jeder Unternehmer verzweifelt danach strebt, den Nachfragerückgang auf den Nachbarn abzuwälzen, und dadurch die Lage nur verschärft, wird der unvermeidliche Nachfrageschwund anteilig umgelegt. Die Preise werden auf einem niedrigeren, aber immerhin noch erträglichen Niveau stabilisiert. Die Krisenpsychose wird abgewendet. Das ist gerade im Rahmen der Marktwirtschaft ein entscheidend wichtiger Effekt. Denn:

> „Nicht nur der Wirkungsgrad der Marktwirtschaft, sondern sogar ihr Bestehen hängen ... von dem Gelingen ab, die Wellen der Entwicklung auf ein leicht erträgliches Maß zu dämpfen und gleichzeitig den Geldwert auf lange Sicht zu stabilisieren"[3]).

b) In Zeiten des Verkäufermarktes, also des Überwiegens der Nachfrage tendiert der freie Preiswettbewerb ebenso zur Maßlosigkeit wie in Zeiten des Nachfragerückgangs. Wegen der Notwendigkeit großer Anlagen kann die Produktion nicht leicht über das Maß hinaus gesteigert werden, das durch die Höchstkapazität der vorhandenen Anlagen gegeben ist. Der Kampf der Industrie um Rohstoffe und Halbfabrikate und der des Handels um die Ware treibt die Preise sprunghaft in die Höhe. Der Optimismus eines Konjunkturaufschwunges verleitet leicht zu übertriebener Investition, die sich später, bei Nachfragerückgang, unliebsam bemerkbar macht.

Einkaufskartelle der Abnehmer können dieser Erscheinung entgegenwirken. Aber auch gutgeleitete Verkaufskartelle der Lieferanten sind in der Regel auf weitschauende Politik eingestellt und suchen vielfach eine übertriebene Hausse abzubremsen. In der Koreakrise haben die Verbände der Wirtschaft das anerkanntermaßen getan.

---

[1]) Wessels, a. a. O. S. 19.

[2]) Edwards bei Chamberlin a. a. O. S. 195.

[3]) K. F. Maier, Ordo 5 S. 58.

5. Verhindert man Preisabreden, so erzwingt man in der modernen Wirtschaft damit nicht ohne weiteres den Preiswettbewerb. Vielfach erreicht man damit nur, daß an die Stelle des Preiskartells die sog. Preisführerschaft tritt.

Diese setzt in der Regel ein Oligopol voraus. Das bedeutet, daß in dem fraglichen Wirtschaftssektor wenige große Unternehmen einen bedeutenden Marktanteil besitzen. Ferner ist (ebenso wie beim Preiskartell) erforderlich, daß die Erzeugnisse der verschiedenen Firmen einander ersetzen können.

Wo diese Marktverfassung besteht – und das ist heute vielfach der Fall – ist ein Preiskampf unter Oligopolisten meist nur dann sinnvoll, wenn einer von ihnen den Willen und die Macht hat, die übrigen niederzukonkurrieren. Denn jeder von ihnen ist gezwungen, einer Preisermäßigung des anderen alsbald zu folgen, sofern er seine Kundschaft nicht verlieren will. Der Oligopolist kann daher erst für den Zeitpunkt, in dem seinen Konkurrenten der Atem ausgeht, darauf hoffen, ihnen die Kundschaft abspenstig zu machen. Bis zu diesem Augenblick bedeutet die Preisermäßigung für ihn keinen Zuwachs an Umsatz und Gewinn, sondern im Gegenteil geringere Einnahmen für alle. Anders liegt es nur unter der Voraussetzung, daß die Preisermäßigung zu höherem Verbrauch und zu Umsatzsteigerung führt. Aber auch in diesem Falle kommt der Vorteil nicht dem einzelnen Mitbewerber, sondern allen zugute.

Die neben den Oligopolisten bestehenden Kleinbetriebe werden von sich aus in der Regel keine Preissenkung vornehmen, sondern der Preispolitik der Großunternehmen folgen, um sich nicht Repressalien auszusetzen. Solchen Repressalien gegenüber sind sie wehrlos, sofern sie sich nicht kartellmäßig organisieren können.

Tritt die Marktverfassung der Preisführerschaft an die Stelle der Kartellorganisation, so wird dadurch nach dem Gesagten keineswegs der Preiswettbewerb wieder hergestellt. Im Gegenteil ist die durch die „Einschüchterung" (Böhm) gewährleistete Disziplin der Unternehmen in der Regel straffer als eine Preisdisziplin, die auf rechtsverbindlichen, aber kündbaren Kartellverträgen beruht.

Die Lage der mittelständischen Industrie ist unter der Herrschaft einer Preisführerschaft prekärer als bei Kartellbindung. In Deutschland ist sie es noch mehr als in den Vereinigten Staaten. Denn in USA gewährt die Weiträumigkeit des Landes lokalen Kleinindustrien durch deren Frachtvorsprung einen gewissen Schutz. Im engen Westdeutschland spielt ein Frachtvorsprung nur bei schweren Massengütern eine Rolle.

Die Tatsache, daß ein Verbot rechtswirksamer Preisabreden vielfach nicht den Preiswettbewerb herstellt, sondern die Entstehung der Preisführerschaft und damit eine besonders straffe Disziplin der Marktteilnehmer auslöst, gehört gleichfalls in die Reihe der oben erwähnten Antinomien der Kartellpolitik. Die Preisführerschaft ist auch insofern dem Preiskartell an die Seite zu stellen, als sie ebenso wie eine kartellmäßige Preisbindung die Marktteilnehmer auf andere Formen des Wettbewerbs abdrängt, also auf Qualitätswettbewerb, auf Kostensenkung durch technische oder wirtschaftliche Rationalisierung, auf Reklame usw.[1]). Jedenfalls aber stellt die Konkurrenzform, welche sich in der oligopolistischen Wirtschaft bildet, nicht mehr jenen Typus dar, den das geläufige Wettbewerbsmodell als Bedingung seines Funktionierens voraussetzt[2]).

6. Eine weitere Antinomie wird von Neumeyer[3]) an Hand der amerikanischen Rechtsprechung, namentlich der Pullmanentscheidung und der beiden Alcoa-Urteile, sehr klar geschildert. Sie besteht darin, daß einerseits

> „ein System von kleinen Produzenten vorzuziehen ist, die alle für ihren Erfolg von ihrer eigenen Geschicklichkeit und ihrem eigenen Charakter abhängig sind" (S. 87),

und daß andererseits

> „die Existenz betriebstechnisch und finanziell wohlgerüsteter und leistungsfähiger Monopolbetriebe ... trotz aller Antitrustgesetze eine Lebensnotwendigkeit für die Wirtschaft Amerikas ist" (S. 99/100).

Für deutsche Verhältnisse besteht natürlich genau das gleiche Dilemma.

II.

In der Erkenntnis, daß gesetzliche Verbote und Gebote diesen verwickelten Tatbeständen unmöglich gerecht werden können, sah die Kartellverordnung von 1923 eine elastische Regelung vor.

1. Erstlich ließ sie behördliche Eingriffe von Fall zu Fall zu und knüpfte sie an eine Voraussetzung, die dem Ermessen der Behörde weitgehende Freiheit ließ. Sie forderte „Gefährdung von Gesamtwirtschaft oder Gemeinwohl" (§§ 4ff., 10).

Aber auch die Befugnisse der Behörde sollten tunlichst nicht durch plumpes Dreinschlagen, sondern durch indirekten, jedoch nicht minder wirksameren Druck ausgeübt werden. Deshalb konnten Kartellbeschwerden nach § 14 KVO von der Kartellbehörde den bei den Spitzenverbänden eingerichtetn Einigungsstellen zur Erledigung überwiesen werden. Die Verordnung rechnete klug damit, daß es den Spitzenverbänden unerwünscht sein werde, wenn ihre im Interesse sämtlicher Mitglieder geübte Arbeit durch egozentrische Kartellmehrheiten oder übereifrige Verbandsgeschäftsführer gestört würde, und daß sie sie wirksamer zur Ver-

---

[1]) Die geschilderten Markterscheinungen sind in letzter Zeit besonders erörtert worden von: Galbraith, American Capitalism (Boston 1952); Fritz W. Meyer, Ordo 6 S. 150ff.; Hans Lutz, Der Markenartikel 1954 S. 539ff.; Gabriel, WuW 1954 S. 696ff.

[2]) E. v. Beckerath, Ordo 5 S. 296.

[3]) A. a. O. S. 86ff., 97ff.

nunft bringen würden, als ein direktes Verbot es vermöchte. Sie steckte sich, wie es in dem oben zitierten Passus der Begründung heißt, das Ziel, in der Wirtschaft das „Verantwortungsbewußtsein gegenüber dem Gemeinwohl" wieder zu erwecken, ging also mit Recht davon aus, daß freiwillige Mitarbeit der Beteiligten wirksamer ist als behördlicher Zwang.

Die gesetzestechnische Gestaltung der Verordnung war diesen billigenswerten Zielen allerdings nicht völlig adäquat. Die Voraussetzung einer „Gefährdung von Gesamtwirtschaft oder Gemeinwohl" war nicht sehr glücklich formuliert. Wenn die Behörde ihr Vorliegen bejahte, so machte sie damit dem fraglichen Kartell einen ehrenrührigen Vorwurf. Vor allem aber wurde die Kartellbehörde durch die Gestaltung des Sperrverbots (§ 9) zwangsläufig dazu geführt, statt Kartellpolitik zu machen, den Kartellpolizisten zu spielen. Das Ergebnis war Mißtrauen zwischen Behörde und Wirtschaft, welches die Zusammenarbeit im Sinne von Gesamtwirtschaft und Gemeinwohl erschwerte[1]).

2. Neben den der Sachlage des Einzelfalls angepaßten Eingriffen sah die Kartellverordnung „marktkonforme" Maßnahmen vor. Allerdings war dies Wort damals noch nicht erfunden, doch der darin ausgedrückte Gedanke war wohlbekannt. Die Kartellverordnung räumte jedem Kartellmitglied ein Kündigungsrecht aus wichtigem Grunde ein (§ 8). Sperren und sperrähnliche Maßnahmen waren verboten, sofern nicht das Kartellgericht sie erlaubte (§ 9). Damit war sowohl der innere wie der äußere Organisationszwang wesentlich geschwächt.

Hans Schäffer, der für die Behandlung des Kartellproblems maßgebende Beamte des Reichswirtschaftsministeriums, schrieb damals:

> „Durch die Erleichterung des Ausscheidens für den Fall übertriebener Kartellpolitik und durch die Unterstellung einiger der wesentlichsten Zwangsmittel unter die Vorprüfung eines . . . Gerichts wurden die Kartelle zu einer maßvollen Handhabung ihrer Befugnisse genötigt. Es konnte infolgedessen die Anwendung der für die unmittelbaren Staatseingriffe gegebenen Vorschriften der Kartellverordnung (§§ 4, 5, 10) auf wenige Ausnahmefälle beschränkt bleiben. Das Selbstinteresse des Einzelnen, der Außenseiter zu werden drohte oder sich dem Kartellzwange nicht fügte, wurde so zu einer die Tätigkeit der Kartelle im Interesse der Gesamtheit regulierenden Macht . . . Daneben hat der Wunsch, ein mittelbares Eingreifen der Regierung zu vermeiden, in mehreren hundert Fällen zur Änderung von Kartellbedingungen geführt. Nicht zu vergessen sind auch die vielen, zahlenmäßig naturgemäß nicht feststellbaren Verbände, deren Geschäftsgebarung durch das Bestehen der Kartellverordnung mäßigend beeinflußt worden ist. Wer in den Dingen steht, weiß, daß dieser Einfluß nicht gering ist"[2]).

[1]) Isay-Nipperdey, Reform des Kartellrechts S. 15ff., 39ff.

[2]) H. Schäffer, „Kartelle und Konzerne", in „Strukturwandlungen der deutschen Volkswirtschaft", 2. Aufl. S. 358ff. Vgl. auch Tisch, Der wirtschaftliche Sinn der Rechtsprechung des Kartellgerichts (1934) S. 10, 26.

So wurde mit wenigen staatlichen Eingriffen und einem kleinen Behördenapparat dafür gesorgt, daß trotz des Bestehens von Kartellen die Konkurrenz und ihre marktordnenden und preisregulierenden Wirkungen niemals ausgeschaltet wurden. Allerdings wurde kein „vollständiger" Wettbewerb erreicht, — die heutige Wissenschaft ist sich darüber einig, daß vollständiger Wettbewerb nur ein „Denkmodell" ist, das in Wirklichkeit nicht vorkommt[1]). Aber es ergab sich ein Zustand, für den die spätere anglo-amerikanische Wissenschaft den Ausdruck der „effective" oder „workable" competition prägte. Hayek[2]), einer der führenden Köpfe der neoliberalen Schule, bezeichnet das erstrebenswerte Ziel folgendermaßen:

> „Es handelt sich gar nicht darum, auf allen Märkten tatsächlich die Konkurrenz in Gang zu halten. Was wir wollen, ist nicht universelle Konkurrenz, sondern universelle Möglichkeit der Konkurrenz".

III.

Im Dritten Reich blieb die Kartellverordnung mit einigen Änderungen zwar in Kraft, aber sie wurde durch das Gesetz über Errichtung von Zwangskartellen vom 15. 7. 1933 ergänzt und allmählich in anderem Geiste gehandhabt.

Genau so merkantilistisch wie die Wirtschaftspolitik des italienischen Faschismus[3]) war auch die Wirtschaftsgesinnung des ihm geistesverwandten deutschen Nationalsozialismus. Jedes totalitäre Regime hat das Bedürfnis, die Wirtschaft zu „disziplinieren" (oben S. 36). Zwangskartelle, Reichsnährstand, Reichsstellen, Vierjahresplan, Gemeinschaftswerke, Reichsvereinigungen und Ausschüsse kennzeichnen die deutsche Wirtschaft jener Epoche[4]).

IV.

Nach dem Zusammenbruch von 1945 schlug das Pendel zurück. Gleichzeitig zeigte sich ein bisher nie beobachtetes Phänomen, nämlich die Einwirkung der hohen Politik auf die Kartellgesetzgebung.

1. In der Vorstellung der Siegermächte waren die Kartelle zu einem Symbol des Nationalsozialismus geworden. Wollte man die Wurzel des Nationalsozialismus ausrotten, so mußte man nach der Vorstellung der Besatzungsmächte die Kartelle bekämpfen. Das galt umsomehr, als die

---

[1]) Vgl. statt vieler Chamberlin, a. a. O. S. 256ff.

[2]) Ordo 6 S. 11ff.

[3]) Vgl. Reupke, Das Wirtschaftssystem des Faschismus (1930), S. 52ff.

[4]) Vgl. Haussmann, Konzerne und Kartelle im Zeichen der Wirtschaftslenkung (1938) S. 113ff.; Neuling, Z. f. ges. Staatsw. 99 S. 279; Meinhold, Z. f. ges. Staatsw. 102 S. 702; Huber, Wirtschaftsverwaltungsrecht I S. 39ff., 263ff., 328ff., II S. 197ff.; Metzner, WuW 1954 S. 227ff.

Sieger glaubten, die Schlagkraft der deutschen Wirtschaft werde durch kartellmäßige Organisationen verstärkt. Wenn sie Deutschland daran verhindern wollten, in absehbarer Zeit wieder zu einer Bedrohung für den Weltfrieden zu werden, so mußten sie nach ihrer Meinung nicht bloß die deutschen Großbetriebe demontieren und entflechten, sondern fast noch mehr die Kartelle zerschlagen[1]).

Schon im April 1945 erließen daher die Vereinigten Stabschefs der alliierten Streitkräfte die Anweisung an die Militärgouverneure,

„1. alle Kartelle oder andere Vereinbarungen und Kartellorganisationen von Privatunternehmen zu verbieten, einschließlich solcher, die öffentlichen oder halböffentlichen Charakters sind, wie die Wirtschaftsgruppen, die die Regulierung der Marktverhältnisse einschließlich der Produktion, der Preise, des ausschließlichen Austausches technischer Auskunft und Verfahren und der Einteilung der Verkaufsgebiete vornehmen . . .

2. die Aufteilung des Eigentums und der Kontrolle der deutschen Industrie zu erwirken, sowie die Verwirklichung dieses Grundsatzes durch eine Untersuchung der Konzerne und Pools, der Verschmelzung der Dachgesellschaften und Verschachtelung der Geschäftsleitung zu unterstützen.

3. Maßnahmen zu treffen, die den deutschen Firmen verbieten, sich an internationalen Kartellen oder anderen einschränkenden Verträgen und Vereinbarungen zu beteiligen sowie eine sofortige Beendigung aller bestehenden deutschen Beteiligungen an solchen Kartellen, Verträgen und anderen Vereinbarungen herbeizuführen."[2])

Ähnlich bestimmte § 12 des Potsdamer Abkommens vom 12. 8. 1945:

„Die deutsche Wirtschaft soll, sobald dies praktisch möglich ist, dezentralisiert werden, damit die jetzige übermäßige Zusammenballung wirtschaftlicher Macht, wie sie sich insbesondere in Kartellen, Syndikaten, Trusts und anderen monopolistischen Vereinbarungen zeigt, beseitigt wird".

Die Verwirklichung dieser Pläne stellten die im Februar 1947 erlassenen sog. Dekartellierungsverordnungen dar, nämlich die wörtlich gleichlautenden Verordnungen 56 und 78 für die amerikanische und die britische Zone und die in der Fassung etwas abweichende Verordnung Nr. 96 für die französische Zone.

Nach ihrer Präambel wurden die Verordnungen erlassen,

„1. um zu verhindern, daß Deutschland die Sicherheit seiner Nachbarn gefährdet und den internationalen Frieden von neuem bedroht;

2. um Deutschlands wirtschaftliche Fähigkeit, Krieg zu führen, zu zerstören;

3. um sicherzustellen, daß die für den Wiederaufbau Deutschlands ergriffenen Maßnahmen mit friedlichen und demokratischen Zielen in Einklang stehen;

4. um die Grundlage für den Aufbau einer gesunden und demokratischen deutschen Wirtschaft zu schaffen".

---

[1]) Würdinger WuW, 1953 S. 725.

[2]) Zitiert nach Günther, WuW 1951/52 S. 25.

Demgemäß bestimmen die Verordnungen 56/78 in ihrer Ziffer 2:

„Kartelle, Interessengemeinschaften, Syndikate, Trusts, Verbände und alle sonstigen Formen von Absprachen oder gemeinschaftlichen Unternehmungen von Personen, deren Zweck oder Wirkung in der Beschränkung des Binnen- oder Welthandels oder anderer wirtschaftlicher Tätigkeit, in der Förderung einer monopolistischen Kontrolle derselben, oder in der Beschränkung des Zugangs zu Binnen- oder Weltmärkten besteht, werden hiermit für übermäßige Konzentrationen der Wirtschaftskraft im Geltungsbereich dieser Verordnung erklärt."

Derartige „Konzentrationen der Wirtschaftskraft" sind nach Ziffer 1 ungesetzlich und zu beseitigen und jeder, der gegen Bestimmungen der Verordnung verstößt oder sie umgeht oder der dies auch nur versucht, verfällt hohen Geld- und Gefängnisstrafen (Ziffer 12). Die Vorschrift deckt sich weitgehend mit Sektion 1 der Sherman Act (oben S. 27).

2. Neben der politischen Zielsetzung hat bei Erlaß der Dekartellierungsverordnungen die auch anderwärts zu beobachtende Tendenz der amerikanischen Besatzungsmacht eine Rolle gespielt, die Welt nach dem Bilde ihrer Heimat zu formen. Dieser Trieb beherrscht im übrigen, wie jeder weiß, der im Ausland gelebt hat, keineswegs bloß die Amerikaner. Zu Hause ist der moderne Kulturmensch zu den herrschenden Zuständen meist kritisch eingestellt. Aber sobald er ins Ausland kommt, verwandelt er sich fast stets aus einem Kritiker in einen Apostel. Ganz naiv will er die Segnungen seiner eigenen Zivilisation dem Ausländer vermitteln. Das ist ein weiterer Grund für das Streben der amerikanischen Besatzungsmacht, das deutsche Kartellrecht dem amerikanischen Antitrustrecht anzugleichen. Würdinger hat geradezu von einer „Rezeption amerikanischen Rechts" gesprochen[1]).

3. Als das der Antitrustgesetzgebung zugrunde liegende Prinzip sieht Würdinger[2]) die ethische Freiheitsidee an, wogegen der deutsche Regierungsentwurf eines Gesetzes gegen Wettbewerbsbeschränkungen nach ihm die wirtschaftspolitische Konzeption zur Geltung bringt, daß der freie Wettbewerb den optimalen wirtschaftlichen Effekt erziele. M. E. ist diese Deutung der amerikanischen Gesetzgebung nicht zutreffend. Sicherlich will die alte englische Rechtsprechung über den restraint of trade, gestützt auf die Magna Charta, die persönliche Freiheit des Individuums schützen (oben S. 16ff., 20ff.) und selbstverständlich ist diese Auffassung mit dem englischen Common Law in das amerikanische Rechtssystem übergegangen. Aber um die persönliche Freiheit in dem weiträumigen Lande der unbegrenzten Möglichkeiten zu sichern, hätte es keiner über das Common Law hinausgehenden Regelung bedurft. Schutzbedürftig ist in jedem jungen Lande nicht die persönliche Freiheit, sondern der Wettbewerb. Die Zahl der Menschen wächst schnell, schon allein

---

1) Vorwort zu Neumeyer, Monopolkontrolle in USA S. VIII.

2) A. a. O. S. X, WuW 1953 S. 722ff.

durch die Einwanderung. Jeder Neuankömmling baut sich seine Existenz auf, und in dem Maße, in dem ihm das gelingt, wachsen seine Bedürfnisse. Das Angebot aber hält mit der ständig wachsenden Nachfrage nicht Schritt. Wer je in einem neu erschlossenen Lande gelebt hat, hat die Erfahrung gemacht, daß an der vordersten Front, am Rande des Urwalds, schon jede Gemischtwarenhandlung und jede Bar ein natürliches Monopol besitzt und beliebige Preise fordern kann. Selbstverständlich ist das ein extremer Fall, aber er beleuchtet die Situation. Sie war besonders klar ausgeprägt, solange es im amerikanischen Westen eine „moving frontier" gab, aber sie verschwand nicht mit dieser, denn an die Stelle der äußeren trat die innere Wirtschaftsexpansion.

Daher zielt ein unter solchen Bedingungen erlassenes Verbot des restraint of trade nicht darauf ab, den Teilnehmern an der Abrede ihre persönliche Freiheit zu sichern. Ein solches Bestreben wäre um die Jahrhundertwende jedem Amerikaner bestimmt höchst unnötig erschienen. Vielmehr will ein derartiges Verbot die Marktteilnehmer daran verhindern, ihre schon durch die Verhältnisse gegebene Monopolstellung noch künstlich durch Beschränkung des unter ihnen bestehenden Wettbewerbs zu verstärken. Das Verbot des restraint of trade im Sinne der alten englischen Rechtsprechung würde einer solchen Abrede nicht im Wege stehen. Bezeichnend ist, daß in dem grundlegenden Urteil Mitchell v. Reynolds (oben S. 21) eine Vereinbarung gebilligt wird, die darauf abzielt, to prevent a town from being overstocked with any particular trade. Nach amerikanischem Antitrustrecht wäre eine solche Abrde ein Verstoß wider das Grundprinzip des Gesetzes. Das zeigt, daß die Vorstellungen, die dem englischen Verbot des restraint of trade zugrundeliegen, trotz des Gebrauchs des gleichen Wortes andere sind als die des amerikanischen Antitrustrechts. Die alte englische Rechtsprechung schützt die Vertragspartei. Das amerikanische Antitrustrecht hat die Interessen Dritter im Auge. Vornehmlich schützt es den Verbraucher, in zweiter Linie den Konkurrenten, und zwar letzteren vor allem gegen die handfesten Methoden unlauteren Wettbewerbs, die etwa seit 1880 von den Trustmagnaten zur Erlangung und Festigung ihrer Machtstellung angewandt wurden (oben S. 29ff.). Dementsprechend schreibt Ch. Oppenheim:

> „Numerous court decisions can be cited from the common law and statutory law to support the recent statement of the Supreme Court that . . . 'The heart of our national economic policy long has been faith in the value of competition' and that in our antitrust laws 'Congress was dealing with competition, which it sought to protect, and monopoly, which it sought to prevent'."[1])

4. Für unsere Vorstellungen ist die amerikanische Antitrustgesetzgebung alles andere als vorbildlich. Dabei mag die Frage nach ihrem tatsächlichen Erfolg dahingestellt bleiben, da sie einer objektiven Beant-

---

[1]) A a. O S. XIff

wortung schwer zugänglich ist. Allerdings kommt beispielsweise ein neutraler Beurteiler wie Eggmann[1]) zu einem recht negativen Ergebnis. Doch soll im folgenden nur von der rechtspolitischen und gesetzestechnischen Gestaltung des Antitrustrechts die Rede sein.

Rechtspolitisch stößt man bei dem Versuch, den „Wettbewerb" zu schützen, auf die Schwierigkeit, daß der Wettbewerb in Wahrheit ein dynamischer Prozeß ist. Er ist kein Gut, wie die dem Juristen geläufigen Rechtsgüter und Polizeigüter des privaten und öffentlichen Rechts. Er ist nicht einmal ein Zustand, etwa des Gleichgewichts, den man aufrechterhalten könnte. Wilhelm Weber[2]) spricht von zwei „Strömen", die den Wettbewerb bilden, nämlich von einem individualisierenden Strom, der durch schöpferische Leistungen der Unternehmer die Bedarfsdeckung verbessert und für die Unternehmer Renten entstehen läßt, und von einem generalisierenden Strome, der die Preise dieser Neuerungen durch den Wettbewerb der Nachahmer herabdrückt. Einem aus zwei Quellflüssen gebildetem Strom muß man bald Hindernisse aus dem Wege räumen, die ihn am freien Flusse hindern, bald muß man ihn eindeichen, wenn er über die Ufer zu treten droht. Aber weder ist es sinnvoll, sich auf eine dieser beiden Maßnahmen zu beschränken, noch kann man einen dahinfließenden Strom „schützen", wie man einen Naturschutzpark schützt, der möglichst unverändert erhalten bleiben soll.

Bei gesetzestechnischer Betrachtung der amerikanischen Antitrustgesetzgebung ergibt sich folgendes: In dem von Böhm verfaßten Bericht der nach USA entsandten deutschen Studienkommission ist eine kurze Übersicht über das amerikanische Antitrustrecht enthalten[3]). Danach muß man folgende Gruppen von Gesetzen unterscheiden:

a) Grundlegende allgemeine Gesetze. Das sind der Sherman act von 1890, der Miller-Tydings act von 1937, der Federal Trade Commission act von 1914, der Wheeler-Lea act von 1938, der Clayton act von 1914 und der Robinson-Patman act von 1936.

b) Gesetze zur Durchsetzung der Antitrustpolitik auf besonderen Gebieten. Auf dem Gebiete der Außenwirtschaft werden in dem Böhm-Bericht vier Sondergesetze aufgeführt, auf dem Gebiete der Binnenwirtschaft zehn.

c) Gesetze, die bestimmte Gebiete einer anderweitigen Regelung unterstellen. Durch 18 Einzelgesetze werden Landwirtschaft, Verkehr, Fernmeldewesen, Atomenergie, Energiewirtschaft, Banken, Versicherungen usw. einer Sonderbehandlung unterworfen.

d) Ausnahmegesetze. Diese decken sich im wesentlichen mit den unter c aufgeführten Gesetzen. Nur für den Außenhandel wird noch der wichtige Webb-Pomerence act von 1918 hier aufgeführt.

---

[1]) Der Staat und die Kartelle, Züricher Volksw. Forschungen 35 (1945) S. 123ff.

[2]) Wirtschaftswissensch. von Heute, Wien 1953, S. 32.

[3]) Beilage zum Bundesanzeiger Nr. 250 v. 29. 12. 1950 S. 9ff.

Das Antitrustrecht der Vereinigten Staaten ist also nach dem Böhm-Bericht in 39 Gesetzen enthalten, zu denen als vierzigstes 1952 der Mc. Guire act hinzugetreten ist. Die Gesetze der ersten Gruppe sprechen allgemeine Verbote aus, die Gesetze der zweiten Gruppe erleichtern die Durchsetzung der Verbote auf bestimmten Wirtschaftsgebieten; die Gesetze der dritten und vierten Gruppe durchbrechen die grundsätzlichen Verbote für Sondergebiete der Wirtschaft. Die bekannte Tatsache, daß in den Vereinigten Staaten ein Heer von Juristen, teils in den verschiedenen mit der Materie befaßten Behörden, teils in der Wirtschaft, auf dem Gebiete des Antitrustrechts arbeitet, erklärt sich weitgehend aus dem geschilderten außerordentlich verwickelten Aufbau der einschlägigen Gesetze, wenngleich die Schwierigkeiten durch das amerikanische Prozeßrecht verstärkt werden mögen[1]).

Die geschilderte Unübersichtlichkeit der Antitrustgesetzgebung ist die unvermeidliche Folge des Bestrebens, die komplexe moderne Wirtschaft einseitig nach dem Grundsatz der Freiheit des „Wettbewerbs" ausrichten, wobei obendrein noch der Begriff des „Wettbewerbs" unscharf bleibt. Andererseits steht der Amerikaner trotz aller Ideologie genügend fest auf dem Erdboden, um undurchführbare Prinzipien nicht bis in ihre Extreme zu verfolgen. Daher hat er, da ihm die Freiheit des Wettbewerbs zu einem Glaubensbekenntnis geworden war, Theorie und Praxis dadurch in Übereinstimmung gebracht, daß er das Prinzip zwar aufrecht erhielt, es aber durch zahlreiche Ausnahmen durchlöcherte[2]). Daß das Ergebnis dann in einem höchst undurchsichtigen und verwikkelten Dickicht von Gesetzen besteht, empfindet der amerikanische Jurist offenbar nicht so stark wie der deutsche. Letzterer ist zu systematischem Denken und zur Handhabung allgemeiner gesetzlicher Grundsätze erzogen. Ersterer ist an das sog. case law gewöhnt, also daran, von einem konkreten Fall zum anderen fortzuschreiten und aus einzelnen, einander nicht selten widersprechenden Gerichtsentscheidungen allgemeine Regeln zu abstrahieren, die sich durch neuere Urteile fortlaufend ändern. Gerade die Geschichte des amerikanischen Antitrustrechts ist ein Schulbeispiel dafür, wie das geltende Recht durch die Gerichtspraxis von einem Tage zum anderen ein neues Gesicht bekommen kann[3]).

Eine weitere Möglichkeit, die Theorie von der unbedingten Freiheit des Wettbewerbs mit den wirtschaftlichen Notwendigkeiten in Übereinstimmung zu bringen, ergab sich aus dem das amerikanische Recht beherrschende Opportunitätsprinzip. Die Einleitung von Verfahren, auch

---

[1]) Vgl. die Darstellung des Verfahrens bei Neumeyer a. a. O. S. 49ff.

[2]) Auch spielt wohl die Methode eine Rolle, die F. L. Allen, a. a. O. S. 151 folgendermaßen beschreibt: „The American way of coping with a revealed defect in the national machinery was to make a series of experimental repairs while the machine was running".

[3]) Vgl. z. B. die Geschichte der Rule of Reason, die Blackwell Smith (bei Oppenheim a. a. O. S. 232ff.) sehr anschaulich schildert.

von Strafverfahren, unterliegt in den Vereinigten Staaten weitgehend dem Ermessen der Behörde. Gesichtspunkte der Arbeitsbelastung, der propagandistischen Wirkung des Falles und des mehr oder weniger stark berührten öffentlichen Interesse entscheiden, ob eine an sich gegebene Gesetzesverletzung von der Behörde verfolgt wird oder nicht[1]. Zwar sagt Böhm mit Recht, daß dies System „dem deutschen Rechtsdenken ungewohnt" sei[2]. Das deutsche Rechtssystem kennt das Opportunitätsprinzip nur für Bagatellsachen. Jedenfalls unterscheidet sich ein Verbot, das an sich bloß auf dem Papier steht und nur durchgesetzt wird, wenn ein besonderes Interesse an seiner Verwirklichung gegeben ist, nicht in der Wirkung, sondern lediglich in der juristischen Konstruktion von einem Gesetz, das von einem Verbot absieht, aber die Behörde ermächtigt, beim Vorliegen eines öffentlichen Interesses gegen Mißbräuche vorzugehen. Der deutsche Jurist empfindet die zweitgenannte Lösung als ehrlicher und als durch den Grundsatz der Gleichheit vor dem Gesetz geboten.

Endlich hat die amerikanische Gerichtspraxis das starre Verbot des Sherman act im Jahre 1911 durch die Einführung der Rule of reason gemildert (oben S. 29, 31). Maßnahmen, die nicht unrechtmäßige Ziele verfolgen und den Wettbewerb nicht wesentlich beeinträchtigen, gelten als erlaubt. Seither wird das amerikanische Trustrecht beherrscht durch den Gegensatz zwischen den per se-violation-rules und der rule of reason. Gewisse Maßnahmen gelten als schlechthin (per se) verboten, also ohne daß geprüft werden dürfte, ob sie reasonable sind. Für andere gilt die rule of reason, so daß ihre wirtschaftliche Bedeutung im Einzelfalle gewürdigt wird[3].

Wie unglücklich diese verwickelte Gesetzestechnik ist, drückt sich am markantesten in dem Rat aus, den der Federal Trade Commissioner Albert A. Carretta den Leitern der Wirtschaftsverbände (Trade Associations) in einem Vortrage gab, den er vor ihnen am 6. Mai 1953 in Washington hielt: Er empfahl ihnen nämlich, keinen Schritt zu unternehmen, ohne einen erfahrenen Spezialanwalt zu Rate zu ziehen, und zwar auch dann, wenn sie selber ausgebildete Juristen seien. Denn, so sagte er,

> „at best, the antitrust laws of the United States have been enacted in very general terms. And in saying this, I do not mean to be critical of the Congress, because definite laws on this subject are practically impossible"[4].

Lamb[5] erläutert den Rat dahin, der Spezialanwalt müsse

---

[1]) Böhm-Bericht S. 13.

[2]) A. a. O. S. 22.

[3]) Vgl. im einzelnen Neumeyer, Monopolkontrolle in USA, S. 120ff., 130ff.; Meyer-Cording, Zur heutigen Situation im Antitrustrecht (Bundesanzeiger Nr. 193 v. 7. 10. 1954) Blackwell Smith bei Oppenheim a. a. O. S. 231ff.; Wendell Berge ebendort S. 243ff.

[4]) Zitiert nach Lamb bei Oppenheim a. a. O. S. 174 Anm. 1.

[5]) A. a. O. S. 182ff.

a) an allen Sitzungen der Vereinigung teilnehmen;
b) die Tagesordnung jeder Sitzung vorher begutachten;
c) jedes Sitzungsprotokoll prüfen;
d) alle Korrespondenz zu sehen bekommen;
e) alle Rundschreiben der Vereinigung vor Absendung genehmigen.

Deutlicher kann schwerlich zum Ausdruck gebracht werden, daß das fragliche Rechtsgebiet voll von Fußangeln ist. Besonders charakteristisch sind die Anweisungen von Lamb, wonach bestimmte Ausdrücke in Beschlüssen und Rundschreiben zu vermeiden sind, um nicht das Mißtrauen der behördlichen Prüfer zu wecken. Hierher gehören die Worte „agreement", „understanding", „standard price" und „keep in line"[1]).

V.

Der zur Zeit dem Bundestag vorliegende Entwurf eines Gesetzes gegen Wettbewerbsbeschränkungen geht auf das Memorandum Nr. 4930 des Bipartite Control Office vom 29. 3. 1949 zurück. Das Memorandum forderte die damalige Verwaltung des Vereinigten Wirtschaftsgebiets auf, ein Gesetz gegen Handelsmißbräuche vorzubereiten, das auf den Grundlagen des Kapitels V der Havanna-Charta für eine internationale Handelsorganisation beruhen und ein Durchführungsorgan vorsehen solle. Am 22. 5. 1951 wurde der Gesetzentwurf nach zweijährigen Beratungen innerhalb der Regierung und mit den Organen der Besatzungsmächte dem Kabinett vorgelegt und nach seiner Verabschiedung durch das Kabinett erneut den Besatzungsmächten unterbreitet. Auf Verlangen der letzteren erfolgten weitere Angleichungen an das amerikanische Recht. Schließlich wurde der Entwurf am 14. 6. 1952 dem Bundestag vorgelegt[2]).

Den Zielsetzungen der Besatzungsmächte kamen die Anschauungen der sog. Freiburger oder neoliberalen Schule der Nationalökonomie entgegen. Allerdings von einem diametral entgegengesetzten Ausgangspunkte aus. Die auf Zerschlagung der Kartelle gerichteten Anordnungen der Besatzungsmächte hatten ihren Ursprung in dem Wunsche, Deutschlands Wirtschaftskraft zu schwächen. Die neoliberale Schule glaubte durch das gleiche Mittel Deutschlands Wirtschaftskraft zu stärken.

Ebenso wie der klassische Liberalismus sieht jene Schule im Privateigentum und im Wettbewerb die Ordnungsprinzipien unserer arbeits-

---

[1]) A. a. O. S. 185.

[2]) Die Entstehungsgeschichte ist kurz skizziert in der Begründung des Entwurfs S. 18 (Drucksache Nr. 3462 des deutschen Bundestages, 1. Wahlperiode, v. 14. 6. 1952), und ausführlich dargestellt in zwei Aufsätzen von Günther, dem zuständigen Referenten des Bundeswirtschaftsministeriums, WuW 1951/52 S. 23ff., 281ff. Der Text und der allgemeine Teil der Begründung sind abgedruckt WuW 1951/52 S. 432ff.

teiligen Wirtschaft. Aber sie vertritt keineswegs einen unentwegten Wirtschaftsliberalismus, sondern eine mittlere Linie. Sie will

> „die jeweils beste Kombination zwischen innerer und äußerer Koordination"

herstellen, also zwischen

> „der Koordination von außen her durch eine übergeordnete Stelle oder von innen her durch die in den individuellen Einheiten selbst wirksamen Kräfte"[1]).

Eucken, der Begründer der Schule schreibt:

> „Erfahrung und wissenschaftliche Analyse zeigen, daß die Lenkung des Wirtschaftsprozesses durch vollständige Konkurrenz trotz ihrer großen Leistung an gewissen Stellen Schäden und Unvollständigkeiten zur Folge hat"[2]).

Miksch fordert daher eine Wirtschaftsordnung,

> „die die Vorzüge der Konkurrenz und der freien wirtschaftlichen Betätigung mit denen einer sparsamen, auf das unbedingt notwendige Maß sich beschränkenden, aber, wo es erforderlich ist, energisch und zielbewußt eingreifenden staatlichen Steuerung verbindet"[3]).

Entscheidend ist für den Neoliberalismus die Art und Weise, wie der Staat den Wirtschaftsprozeß beeinflußt. Eucken schreibt:

> „So unerträglich es ist, die Gestaltung der Wirtschaftsordnung im Zeitalter der Industrie, der modernen Technik, der Großstädte und der Massen sich selbst zu überlassen, so unfähig ist der Staat, den alltäglichen Wirtschaftsprozeß dieser ungemein komplizierten, arbeitsteiligen, sich fortwährend ändernden Wirtschaft zu führen . . . Der Staat hat die Formen, das institutionelle Rahmenwerk, die Ordnung, in der gewirtschaftet wird, zu beeinflussen, und er hat Bedingungen zu setzen, unter denen sich eine funktionsfähige und menschenwürdige Wirtschaftsordnung entwickelt . . . Staatliche Planung der Formen — ja; staatliche Planung und Lenkung des Wirtschaftsprozesses — nein"[4]).

Ähnlich ist Hayek skeptisch gegenüber staatlichen Eingriffen durch die der Einzelne

> „angehalten werden soll zu tun, was jemand anderem angemessen erscheint, von dem angenommen wird, daß er ein umfassenderes Verständnis der Bedeutung dieser Handlungen für die Gesellschaft als Ganzes besitzt"[5]).

---

[1]) Miksch, Die sittliche Bedeutung der inneren Koordination, Ordo 3 S. 30ff.; vgl. ferner Eucken, Wirtschaftspolitik S. 342.

[2]) „Die Wettbewerbsordnung und ihre Verwirklichung", Ordo 2 S. 22ff., 32; ähnlich Wirtschaftspolitik S. 359ff., S. 365ff. Ebenso Müller-Armack, Wirtschaftslenkung und Marktwirtschaft (Hamburg 1948), S. 94, 98, Handwörterbuch d. Sozialwiss. Art. „Soziale Marktwirtschaft"; Miksch, Wettbewerb als Aufgabe (2. Aufl. 1947) S. 11ff.; derselbe, Z. f. ges. Staatswissensch. 105 S. 319ff.

[3]) Wettbewerb als Aufgabe S. 6.

[4]) Eucken, Ordo 2 S. 92ff.

[5]) Hayek, Wahrer und falscher Individualismus, Ordo 1 S. 30ff.

Denn niemand könne entscheiden, wer das vollkommenste Wissen besitzen. Daher zieht der Neoliberalismus „auf typische Situationen zugeschnittene Regeln" dem „Gebrauch von speziellen, den besonderen Umständen von Zeit und Ort angepaßten Verfügungen" vor[1]). Auch ist er

> „weit davon entfernt, den bewußt organisierten Staat einerseits und den Einzelnen andererseits als die einzigen Realitäten anzuerkennen und alle die dazwischen liegenden gesellschaftlichen Gebilde und Verbände absichtlich unterdrücken zu wollen, wie es das Ziel der französischen Revolution war[2]), . . . Der folgerichtige Individualist sollte daher ein begeisterter Anhänger freiwilliger Zusammenarbeit sein, — wo und wann immer diese nicht in Zwang ausartet oder zur Anmaßung absoluter Gewalt führt"[3]).

Hayek glaubt an

> „lokale Selbstverwaltung und freiwillige Verbände und . . . daß vieles, wofür gewöhnlich der Zwang des Staates angerufen wird, besser durch freiwillige Zusammenarbeit erreicht wird"[4]).

Die Anwendung dieser Grundsätze über die Handhabung der staatlichen Einwirkung hätte auf dem Gebiete der Kartellpolitik konsequenterweise zu einer Gesetzgebung nach Art der Kartellverordnung von 1923 führen müssen. Denn aus jenen Grundsätzen hätte sich die Forderung ergeben, die „freiwillige Zusammenarbeit" in Gestalt von Kartellen anzuerkennen und nur dafür zu sorgen, daß sie „nicht in Zwang ausartet oder zur Anmaßung absoluter Gewalt führt". Da Eucken mit Recht die Schließung der Märkte, also Maßnahmen, welche Außenseiter am Aufkommen hindern, als besonders gefährlich bezeichnet[5]), so hätte es nahegelegen, die Mittel zu übernehmen, mit denen die Kartellverordnung den inneren und äußeren Organisationszwang beschränkte, nämlich das außerordentliche Kündigungsrecht der Mitglieder und die Abwehrklagen gesperrter Außenseiter.

Leider war das Bild der Kartellverordnung durch die falsche Anwendung verzerrt, die sie in der Zeit des Dritten Reiches erfahren hatte. Das Dritte Reich hatte die Kartelle weitgehend zu halbstaatlichen Zwangsorganisationen gemacht. Während des zweiten Weltkrieges hatte das in einer Kriegswirtschaft naturgegebene Überwiegen der Nachfrage ein übriges getan. Die Anwendung der Kartellverordnung vor der Zeit des Dritten Reiches und während seiner Herrschaft wurde nicht mehr unterschieden, ihre Bedeutung vor 1933 verkannt. Vor allem folgerte man aus der Tatsache, daß vor 1933 die Behörde, abgesehen von wenigen Fällen, sich nicht ihrer offiziellen Machtbefugnisse bedient, sondern auf dem Wege über die Kartelleinigungsstellen die Kartelle an bedenklichen

---

1) Hayek, a. a. O S. 36

2) Hayek, a. a. O. S. 38.

3) Hayek, a. a. O. S. 32. Vgl. ferner Neumark, Z. f. d. ges. Staatswiss. 108 S. 582.

4) Hayek, a. a. O. S. 38.

5) Ordo 2 S. 36ff., Wirtschaftspolitik S. 264ff.

Maßnahmen verhindert hatte, die Kartellverordnung habe versagt und sei durch politische Mächte „lahmgelegt" worden[1]). Über die einer Schließung des Marktes entgegenwirkende Funktion des Kündigungsrechts und des Sperrverbots dachte man nicht mehr nach. Die Zeit, in der sie „wie Sprengpulver" auf die Kartelle gewirkt hatten[2]), lag zwei turbulente Jahrzehnte zurück. Bezeichnend ist, daß Eucken[3]) bei der Darstellung der Grundprinzipien der Kartellverordnung die Kündigung aus wichtigem Grunde überhaupt nicht erwähnt.

Dazu kam die Kampfstellung, die der Neoliberalismus gegen die Zentralverwaltungswirtschaft einnahm. Es ist seine historische Leistung, diesen Kampf gewagt und erfolgreich geführt zu haben. Die allgemeine Tendenz ging nach dem Zusammenbruch in entgegengesetzter Richtung. Das wirtschaftliche Chaos, vor allem die Knappheit lebensnotwendiger Güter, sowie der Zwang, eine um Millionen von Ostflüchtlingen vermehrte Bevölkerung auf engem, wichtiger Agrargebiete beraubtem Raume zu ernähren, schien eine planwirtschaftliche Ordnung zu einer unausweichlichen Notwendigkeit zu machen. Beispielsweise schrieb Ende 1946 Rasch[4]), aus dem Mangel an allen Wirtschaftsgütern folge

> „mit zwingender Notwendigkeit die Beibehaltung einer weitgehenden Lenkung des Wirtschaftslebens, die Fortführung und Verfeinerung staatlicher Planwirtschaft. Von einer Wiederherstellung der Grundsätze liberaler Wirtschaftspolitik kann gar keine Rede mehr sein".

In der derselben Richtung wirkten die Ideen der im Dritten Reich geächteten und jetzt um so mächtiger auferstandenen Sozialdemokratie. Es gehörte Einsicht und Mut dazu, diesen Kräften gegenüber eine fortschreitende Liberalisierung der Wirtschaft zu fordern und durchzusetzen.

Der Neoliberalismus wurde nicht müde, die praktische Unmöglichkeit und die unerfreulichen Nebenwirkungen einer Zentralverwaltungswirtschaft darzulegen. Eucken[5]) stellte damals sehr anschaulich eine geschlossene, 10 Hektar Boden bebauende Eigenwirtschaft von 30 Köpfen und eine moderne Nationalwirtschaft einander gegenüber. Der Leiter jener Familienwirtschaft kann planen und den Wirtschaftsprozeß zentral lenken, weil er ihn übersieht. Aber eine moderne arbeitsteilige Volkswirtschaft nach dem gleichen System zu regieren, übersteigt bei weitem die menschlichen Fähigkeiten. Hier muß eine objektivierte, automatisch wirkende Ordnung geschaffen werden.

---

[1]) Böhm, Schweiz. Ztschr. f. Volkswirtschaft und Statistik 1951 S. 206ff., ähnlich Eucken, Ordo 2 S. 65, Wirtschaftspolitik S. 292ff. Vgl. dagegen das oben (S. 61) wiedergegebene Zitat aus Schäffer.

[2]) Ein s. Zt. viel zitierter Ausspruch von Lucas, dem langjährigen Präsidenten des Kartellgerichts.

[3]) Wirtschaftspolitik S. 172.

[4]) Das Ende der kapitalistischen Rechtsordnung (Heidelberg) S. 114ff.

[5]) Ordo 1 (1948) S. 56ff., Wirtschaftspolitik S. 2ff.

„In den Wirtschaftsordnungen der industrialisierten Welt sollte eine ordnende Ratio zur Geltung kommen, die das bewirkt, was in der kleinen Eigenwirtschaft die Ratio des Leiters tagtäglich vollzieht"[1]).

In der westlichen Welt wird jeder heute diese Antithese billigen. Im Mikrokosmus des Betriebes muß bewußte Planung der Betriebsleitung herrschen. Im Makrokosmus der Volkswirtschaft dagegen muß eine objektive, im wesentlichen von innen heraus gesteuerte Ordnung gelten, die vom Staat her nur vorsichtig durch Einwirkung auf den „Datenkranz" beeinflußt werden darf, d. h. durch bewußte Gestaltung

„der rechtlichen und sozialen Ordnung, die den Handlungen der Wirtschaftssubjekte Richtung geben kann und Grenzen setzt"[2]).

Was aber gilt in dem weiten Bereich, der zwischen den beiden Extremen der Mikrowirtschaft und der Makrowirtschaft liegt? Hält man sich an die oben zitierten Darlegungen von Hayek, so müßte man „weit davon entfernt" sein, alle die zwischen Staat und Einzelwirtschaft liegenden „gesellschaftlichen Gebilde und Verbände unterdrücken zu wollen". Man müßte für sie entsprechend ihrer Mittelstellung auch eine mittlere Lösung suchen. Diese würde darin bestehen, daß man ihnen einerseits genau so wie den Einzelwirtschaften, die Befugnis zu bewußter Planung zuerkennt, daß man sie aber nicht einfach in ihrem Bereich frei schalten läßt, wie es dem Subjekt der Einzelwirtschaft gegenüber angemessen ist, sie vielmehr ebenso wie die Einzelwirtschaften durch geeignete Gestaltung der rechtlichen und sozialen Ordnung, in der sie tätig werden, also möglichst nicht durch Verbote und nicht durch punktuelle Steuerungsmaßnahmen, beeinflußt und in Schranken hält.

Tatsächlich war das nicht die Folgerung, welche die neoliberale Schule aus ihren eigenen Prämissen ableitete. Der Kampf gegen die Planung, der auf dem Gebiete der Nationalwirtschaft mit Recht von ihr geführt wurde, erfüllte sie mit Mißtrauen gegen jede Planung, die über den Rahmen einer Einzelwirtschaft hinausgeht. Der Generaldirektor eines Großkonzerns mag seine Bergwerke und Fabriken, seine Tochtergesellschaften und seine in- und ausländischen Filialen nach einem zentralen Plane lenken, denn es handelt sich ja auch beim Großbetrieb um eine Einzelwirtschaft, wenngleich riesigen Ausmaßes. Er mag kraft seiner Preisführerschaft das Preisniveau der ganzen Branche ebenso autoritativ bestimmen, wie der Leiter der von Eucken als Beispiel gewählten bäuerlichen Wirtschaft über die Anbaufläche für jede Feldfrucht oder über die Verteilung der Arbeit unter Familienmitglieder und Knechte entscheidet. Aber sobald sich ein Dutzend Kleingewerbetreibende zusammentun und Preisvereinbarungen treffen, sei es auch nur um ein Gegengewicht gegen die Preisdiktatur eines Großabnehmers zu schaffen, so gewinnt die Sache für maßgebende Vertreter der Freiburger Schule

[1]) Eucken, Ordo 1 S. 62, Wirtschaftspolitik S. 7.

[2]) Eucken, Wirtschaftspolitik S. 377ff.

ein anderes Gesicht. Eine den Rahmen einer Einzelwirtschaft überschreitende private Planung gilt ihnen, verglichen mit staatlicher Planung, eher als noch gefährlicher und unzulässiger. Eucken selbst ist noch vorsichtig. Er fordert nicht so sehr Kartellverbote als

> „eine Wirtschafts- und Rechtspolitik, welche die starken Kräfte der Konkurrenz, die in der modernen Wirtschaft vorhanden sind, durch Anwendung der konstituierenden Prinzipien zum Durchbruch bringen"[1]).

Die Träger wirtschaftlicher Macht sollen veranlaßt werden, sich „wettbewerbsanalog" zu verhalten[2]). Unter den konkreten Vorschlägen, die er macht, ist ein allgemeines Kartellverbot nicht aufgeführt[3]). Er spricht von Kartellverboten im Plural, denkt also offenbar nur an die Aufhebung einzelner Kartelle. Dementsprechend weist er dem Monopolamt die Aufgabe zu,

> „Monopole soweit wie möglich aufzulösen und diejenigen, die sich nicht auflösen lassen, zu beaufsichtigen"[4]).

Aber seine Schüler und Nachfolger erwarten das Heil von einem generellen, möglichst lückenlosen Kartellverbot, wie es im amerikanischen Recht besteht. Nur Miksch, einer der prominentesten Vertreter des Neoliberalismus, warnt vor einer „rein restriktiven Kartellpolitik im Sinne der Entkartellierung". Er schreibt sehr richtig, daraus könne

> „sich leicht ein Rückfall in die Fehler der liberalen Wirtschaftsverfassung ergeben. Schon heute hat man den Eindruck, daß die radikale Entkartellierung den Corpsgeist fördert und daß die formlose Verständigung sich auszubreiten beginnt"[5]).

VI.

1. Die Warnung von Miksch wurde bei der Abfassung des Entwurfs eines Gesetzes gegen Wettbewerbsbeschränkungen nicht beachtet.

Kartelle waren danach grundsätzlich untersagt. Ein fast noch strikteres Verbot galt für die sog. Bindung der zweiten Hand. Nur für Markenartikel und Verlagserzeugnisse war eine Ausnahme vorgesehen. Ebenso erstreckte sich ein in den Einzelheiten fein ziseliertes Verbot auf Verträge über Erfindungen. Auch Kartellsperren waren schlechthin unerlaubt, der Erlaubnisvorbehalt des § 9 KVO also fortgefallen.

Eine elastischere Regelung war für marktbeherrschende Einzelunternehmungen und Konzerne angeordnet. Der Entwurf vermochte sich der Einsicht nicht entziehen, daß man in der modernen Wirtschaft

[1]) Ordo 2 S. 66.
[2]) Wirtschaftspolitik S. 295.
[3]) Ordo 2 S. 68ff. Nicht ganz klar: Wirtschaftspolitik S. 172, 279.
[4]) Wirtschaftspolitik S. 294.
[5]) Wirtschaftspolitik des Als-ob, Z. f. ges. Staatswiss. 105 S. 334.

Großbetriebe nicht einfach „verbieten" kann. Ihnen gegenüber beschränkte er sich darauf, ein Vorgehen gegen offenbare Mißbräuche anzuordnen. Über die Frage, wie es zu rechtfertigen sei, mächtige Einzelunternehmungen verhältnismäßig milde zu behandeln, den Schwachen aber den Zusammenschluß zu verbieten und sie dadurch daran zu verhindern, ihrerseits eine gegengewichtige Marktmacht zu erwerben, äußerte die Begründung des Entwurfs sich nicht.

Immerhin sah der Entwurf ein, daß auch das Kartellverbot sich nicht lückenlos durchführen läßt. Einen Ausweg zeigte in erster Linie die Lehre der neoliberalen Theorie, wonach ein Kartellverbot nur auf den Gebieten „vollständigen" Wettbewerbs günstig wirke. In Bereichen unvollständigen Wettbewerbs hat, wie die Begründung (S. 16) darlegt, ein Kartellverbot nach den in USA gemachten Erfahrungen den unerwünschten Effekt, die monopolistische Konzentration zu fördern. Infolgedessen nimmt der Entwurf diejenigen Wirtschaftssektoren vom Kartellverbot aus, in denen vollständiger Wettbewerb nicht zu erzielen ist. Da man natürlich dem Richter nicht die Feststellung zumuten kann, ob auf diesem oder jenem Gebiet der Wettbewerb unvollständig oder vollständig und demzufolge ein hier abgeschlossenes Kartell rechtmäßig oder verbotswidrig ist, so macht der Entwurf den Versuch, die Grenze zwischen den beiden Bereichen ein für allemal festzulegen. Zahlreiche Sektoren der Wirtschaft, vor allem das Verkehrswesen, die Landwirtschaft und die Energiewirtschaft, sind aus dem Gesetz ausgeklammert (§§ 74ff.). Ferner sieht der Entwurf einige wenige Tatbestände vor, bei deren Vorhandensein die Kartellbehörde von Fall zu Fall eine Befreiung vom Kartellverbot bewilligen kann. Sie darf Krisen-, Rationalisierungs- und Exportkartelle erlauben (§§ 2—5).

Es ist klar, daß diese Gesetzestechnik mit dem amerikanischen Recht ebenso übereinstimmt wie die dem Gesetzentwurf zugrunde liegende Theorie, daß der freie Wettbewerb grundsätzlich den optimalen Effekt erziele. Genau so wie Sherman act, Clayton act und ihre Ergänzungen zunächst ein generelles Verbot aufstellen, von dem dann durch Einzelgesetze zahlreiche Sondergebiete der Wirtschaft ausgenommen werden (oben S.66), so erläßt auch der Entwurf in §§ 1, 10ff. allgemeine Verbote, die jedoch nach §§ 74ff. auf bestimmten Wirtschaftsgebieten nicht gelten sollen. Ebenso wie ferner das amerikanische Recht vermöge des Opportunitätsprinzips und der Rule of Reason es gestatten, den einzelnen Fall individuell zu behandeln, so enthält auch der Entwurf einige, allerdings eng begrenzte Erlaubnisvorbehalte für die Kartellbehörde. Statt zu erklären, was man positiv mißbilligt, verbietet man zunächst einmal summarisch alles und durchbricht dann das Verbot durch zahlreiche Ausnahmen.

2. In dem Maße, in dem der Druck der Besatzungsmächte und ihrer Antitrustsachverständigen nachließ, konnten sich die Bedürfnisse der

Wirtschaft gegenüber dem Dogma der unbedingten Wettbewerbsfreiheit durchsetzen. Schon der wirtschaftspolitische Ausschuß des 1. Bundestages milderte das Kartellverbot wesentlich ab. Doch blieb ihm nicht die Zeit, seine Beratungen abzuschließen, sondern der Entwurf mußte dem 2. Bundestage erneut unterbreitet werden. Jetzt nahm auch der Bundesrat sehr kritisch zu dem Entwurf Stellung und machte 74 Abänderungsvorschläge. Schließlich fanden Besprechungen zwischen dem Bundeswirtschaftsministerium und den Spitzenverbänden der Wirtschaft statt, in denen einige weitere Milderungen in Erwägung gezogen wurden. In großen Zügen[1]) laufen die Abänderungsvorschläge auf folgendes hinaus:

Nach einstimmiger Meinung der Wissenschaft besteht nicht bloß keine scharfe Grenze zwischen den Gebieten vollständigen und unvollständigen Wettbewerbs, sondern der vollständige Wettbewerb ist, wie erwähnt, überhaupt nur ein gedankliches Modell, das in der Wirklichkeit nicht vorkommt. Daher kann mit mehr oder weniger Recht jedes Gebiet der Wirtschaft das Bestehen unvollständigen Wettbewerbs und die sich daraus ergebende Befreiung vom Kartellverbot für sich in Anspruch nehmen. Dementsprechend wurden die generellen Ausnahmen der §§ 74ff. wesentlich vermehrt.

Zweitens wurden bestimmte Kartelltypen allgemein vom Kartellverbot ausgenommen. Der wirtschaftspolitische Ausschuß des 1. Bundestages hatte beschlossen, die sog. Konditionenkartelle, also solche, die nicht Preise oder Preisbestandteile, sondern nur Verkaufs-, Lieferungs- und Zahlungsbedingungen regeln, ohne weiteres, also ohne Befragung der Kartellbehörde zuzulassen. Das Gleiche wurde für gewisse Rationalisierungskartelle sowie für reine Exportkartelle, also für solche angeordnet, die sich ausschließlich auf den Auslandsmarkt beziehen. Endlich wurde in den Besprechungen mit den Spitzenverbänden anerkannt, daß ein Krisenkartell wirkungslos bleiben, ja wahrscheinlich überhaupt nicht mehr zustandekommen werde, wenn man die Wirtschaft zwinge, der Kartellbehörde erst das Vorhandensein einer Krise nachzuweisen. Es wurde daher erwogen, ihr spätestens bei Eintritt einer Konjunkturkrise Handlungsfreiheit einzuräumen.

Ebenso wurden die Erlaubnisvorbehalte wesentlich erweitert. Rabattvereinbarungen sollen nunmehr für genehmigungsfähig erklärt werden, desgleichen diejenigen Rationalisierungskartelle, die nicht schon ipso iure frei sind, ebenso die für sog. Strukturkrisen erforderlichen Abmachungen, endlich diejenigen internationalen Kartelle, die den Inlandsmarkt in die Regelung einbeziehen. Daneben wurde eine Generalklausel vorgeschlagen, welche eine Kartellerlaubnis immer dann ermöglicht, wenn die Beschränkung des Wettbewerbs aus Gründen der Gesamtwirtschaft und des Gemeinwohls notwendig ist.

[1]) Wegen der Einzelheiten vgl. Dörinkel, WuW 1954 S. 433ff.; Sölter, WuW 1954 S. 728ff.

Endlich hat man sich davon überzeugt, daß das ursprüngliche ins Auge gefaßte komplizierte Verbot der Preisbindung der zweiten Hand und von Erfindungsverträgen kaum durchführbar, namentlich mit den Anforderungen der Rechtssicherheit schwer vereinbar ist. Auch diese Abmachungen werden daher wahrscheinlich aus dem Verbotsprinzip herausgenommen und nur einer Mißbrauchskontrolle unterstellt werden.

3. Überschaut man diese Entwicklung, so ist zunächst festzustellen, daß die durch das generelle Kartellverbot scheinbar erreichte Vereinfachung wegen ihrer wirtschaftlichen Undurchführbarkeit in eine komplizierte Regelung von Einzelheiten umgeschlagen ist. Die deutsche Wettbewerbswirtschaft ist eben nicht so simpel, daß man sie auf eine kurze Formel bringen könnte.

Das zweite Ergebnis besteht darin, daß man heute beim besten Willen dem Kartellverbot keinen grundsätzlichen Charakter mehr zuschreiben kann. Regeln, die, um praktikabel zu sein, von etwa zwanzig Ausnahmen durchbrochen werden müssen, lassen sich nicht mit irgendwelchen prinzipiellen Erwägungen begründen und noch weniger als sittliche Forderungen aufstellen.

Will man den Entwurf, so wie er heute der Entscheidung des Bundestages unterbreitet wird, in seinem Gesamtbild kurz charakterisieren, so kann man ihn nur als den Versuch bezeichnen, wirtschaftsliberale Ideen mit polizeistaatlichen Mitteln zu verwirklichen. Das ist eine seltsame Zwitterbildung. Da die Zeiten des aufgeklärten Absolutismus unwiderruflich vergangen sind, so liegen die Folgen auf der Hand: Die Wirtschaft, namentlich derjenige Teil, in dem heute bereits der Großbetrieb herrscht und daher die Preisführerschaft (oben S. 59) in die Bresche springen kann, wird sich irgendwie mit dem Gesetz abfinden. Tüchtige Anwälte und Syndici werden die Schlupflöcher ausnützen, die der Entwurf aufweist. Soweit es an einem passenden Schlupfloch fehlt, wird das Gesetz durch Gentlemen's agreements, unverbindliche Empfehlungen, Zunftordnungen und Fachvereine umgangen werden. Die Kartellbehörde wird selbst bei ausgiebiger Ausstattung mit Personal nicht im Stande sein, auch nur einen nennenswerten Teil der Verstöße zu verfolgen. Sie wird sich darauf beschränken müssen, einige Exempel zu statuieren. Diese werden keinen erheblichen abschreckenden Erfolg herbeiführen, wohl aber ausreichen, um fruchtbare Zusammenarbeit schon allein durch das auf beiden Seiten bestehende Mißtrauen unmöglich zu machen. Bezahlen wird die Zeche zunächst einmal der gewerbliche Mittelstand, dem wegen seiner Vielköpfigkeit weniger Umgehungsmöglichkeiten zur Verfügung stehen als der konzentrierten Großindustrie. Ferner wird das Verhältnis zwischen Staat und Wirtschaft vergiftet werden, obwohl, wie Wessels mit Recht sagt, es für den Staat einfacher ist, mit der Wirtschaft als gegen sie eine Ordnung durchzusetzen[1]. Vor allem aber wird

[1] Der Wettbewerb in der Grundstoffindustrie S. 23.

das Rechtsbewußtsein des Volkes leiden, denn es wird dem deutschen Bürger wieder einmal vor Augen geführt werden, daß das Gesetz dazu da ist, übertreten zu werden, namentlich von denen, die ohnehin mächtig sind.

VII.

Zum Schlusse wollen wir den Versuch machen, eine Gesamtübersicht über die Entwicklung der Kartellgesetzgebung zu gewinnen, soweit die dem Verfasser zugänglichen Quellen reichen. Da die Darstellung des oben abgedruckten, ursprünglichen Aufsatzes erst mit dem Zeitalter des Frühkapitalismus einsetzt, sind Altertum und Mittelalter im Nachstehenden etwas ausführlicher behandelt[1]).

1. Im Altertum spielten kartellartige Bindungen nur eine untergeordnete Rolle. Allerdings finden wir in Indien in den Arthacastra des Kautilya, Buch IV Kap. 2 die Bestimmung:

> „Wenn die Grobhandwerker und die Kunsthandwerker sich zusammentun und eine Verschlechterung der Beschaffenheit ihrer Arbeit, den Gewinn oder eine Störung des Verkaufs und Kaufs verfügen, ist die Strafe 100 Pana. Oder wenn die Händler sich zusammentun und eine Ware zurückhalten und so sie um ungehörigen Preis verkaufen, ist die Strafe 1000 Pana"[2]).

In der Hauptsache betrifft die Gesetzgebung jedoch andere Formen monopolistischer Tendenzen, nämlich einerseits spekulative Maßnahmen zur künstlichen Erzeugung einer Warenknappheit (die sog. Ringe oder Corners), andererseits staatliche Monopole.

Ringe oder Corners, die durch den Aufkauf wichtiger Gegenstände des täglichen Bedarfs begründet werden, sind eine ständige Erscheinung der antiken Wirtschaftsgeschichte und Gegenstand vielfacher gesetzlicher Vorschriften. In Rom bestrafte die vermutlich aus der Zeit Julius Cäsars stammende lex Julia de annona die Verknappung des Getreides durch Aufkauf oder durch Verhinderung von Schiffstransporten:

> „Lege Iulia de annona poena statuitur adversus eum, qui contra annonam fecerit, societatemve coierit, quo annona carior fiat. Eadem

[1]) Eine sehr gründliche Darstellung der geschichtlichen Entwicklung der Kartellgesetzgebung gibt das Buch von Piotrowsky, Cartels and trusts, their origin and historical development (London 1933). Nur leidet die Würdigung der Tatsachen bei ihm darunter, daß er zwischen Kartellen einerseits, Corners und kapitalistischen Zusammenschlüssen andererseits kaum unterscheidet und aus der Verbreitung der letzteren im Altertum und in der Zeit des Frühkapitalismus ohne weiteres eine entsprechende Bedeutung der Kartelle ableitet. Ein Oligopol und jedes monopolistische Gebilde, an dem mehrere Personen beteiligt sind, ist ihm ein „Kartell". Auch zwischen staatlicher Monopolverleihung und privater Monopolisierung unterscheidet er nicht ausreichend. Vgl. die ausführliche und sachlich zutreffende Besprechung des Buches durch Tschierschky, Kartellrundschau 1933 S. 584ff.

[2]) J. J. Meyer, Das altindische Buch vom Welt- und Staatsleben S. 323, insbes. Anm. 1 und 2.

lege continetur, ne quis navem nautamve retineat, aut dolo malo faciat, quo magis detineatur (fr. 2 D 48, 12)".

Später wurde die Strafdrohung auch auf die Verknappung anderer Waren ausgedehnt (das sog. Dardanariat). Es heißt in fr. 6 D 47, 11:

„Annonam adtemptare et vexare vel maxime dardanarii solent; quorum avaritiae obviam itum est tam mandatis, quam constitutionibus. Mandatis denique ita cavetur: 'Praeterea debebis custodire, ne dardanarii ullius mercis sint, ne aut ab his, qui coemptas merces supprimunt, aut a locupletioribus, qui fructus suos aequis pretiis vendere nollent, dum minus uberes proventus exspectant, annona oneretur".

Weiter ist das Edikt Diokletians aus dem Jahre 301 n. Chr. zu nennen, das ein umfassendes System von Höchstpreisen für alle möglichen Waren einführte und durch schwere Strafdrohungen (einschließlich der Todesstrafe) durchzusetzen suchte, das aber in erster Linie als ein Mittel zur Stabilisierung der Währung nach einer vorangegangenen Periode hemmungsloser Geldverschlechterung zu verstehen ist[1]). Endlich wendet sich auch die erwähnte Constitutio des Kaisers Zeno gegen preistreibende Machenschaften.

Auf einem bis ins kleinste durchgebildeten System staatlicher Monopole beruhte die ägyptische Wirtschaft, und zwar sowohl unter den Ptolemäern wie zur Römerzeit[2]). Ebenso wurden Staatsmonopole in Byzanz angewandt[3]). Die Monopolwirtschaft des Frühkapitalismus, namentlich in England und Frankreich, war nicht so sehr Wirtschafts- als Finanzpolitik[4]).

Daß Kartellvereinbarungen im Altertum gegenüber den beiden genannten Formen des Monopols an Bedeutung zurücktraten, liegt in der Natur der Dinge begründet. Markteinfluß durch wechselseitige Konkurrenzbeschränkung der Angehörigen eines bestimmten Gewerbszweiges kann nur dann eine erhebliche Rolle im Wirtschaftsleben spielen, wenn einerseits ohne solche Beschränkung eine heftige Konkurrenz bestehen würde und andererseits die Zahl der für einen bestimmten Markt arbeitenden Gewerbetreibenden nicht so groß ist, daß schon hieran jeder Versuch einer Konkurrenzbeschränkung scheitert. Die beiden Voraussetzungen waren praktisch im Altertum fast nur dann erfüllt, wenn Handwerker einen lokalen Markt versorgten. Die Hauswirtschaft nahm einen weit größeren Raum ein als heute; die Zahl der Gegenstände, die von Dritten gekauft werden mußten, in denen daher ein Markt und eine Kon-

---

1) Rostovzeff, Gesellschaft und Wirtschaft im römischen Kaiserreich, II S. 177ff. 232; Brentano, Wirtschaftsleben der antiken Welt S. 186; Lehnich, Kartelle und Staat S. 10.

2) Rostovzeff, a. a. O., I S. 4, 147, II S. 17, 193, Wilcken, Monopole im alten Ägypten, Kartellrundschau 1913 S. 1, 81ff., Kehl, Schmollers Jb. 70 S. 427ff.

3) Brentano, Das Wirtschaftsleben der antiken Welt, S. 187ff., 204ff.

4) Die Monopole in Deutschland und Italien sind von Höffner, Wirtschaftsethik und Monopole, S. 26ff., geschildert worden.

kurrenz bestand, war wesentlich geringer. Für großgewerbliche Produktion kamen nur wenige Waren in Betracht und außerdem verhinderte die geringe Entwicklung der Verkehrsmittel eine scharfe Konkurrenz. Denn die Erzeugnisse der Massenproduktion mußten naturgemäß bei den hohen Transportkosten in den räumlich weit verzweigten Absatzgebieten zu den verschiedenartigsten Preisen vertrieben werden[1]).

Einen Markt großen Stils gab es damals in erster Linie für Getreide, das wegen der wechselnden Ernten bald in diesem, bald in jenem Gebiete des Reichs im Überfluß vorhanden bzw. begehrt war[2]). Der Getreidemarkt ließ sich damals so wenig wie heute durch wechselseitige Konkurrenzbeschränkungen der Erzeuger oder Händler beeinflussen, wohl aber konnten spekulative Aufkäufe verfügbarer Vorräte, Verhinderung von Getreidetransporten und ähnliche Mittel, wie sie für Ringe oder Corners charakteristisch sind, von Erfolg begleitet sein und große Gewinne versprechen. Daher ist es begreiflich, daß die Gesetzgebung sich in erster Linie gegen derartige Machenschaften richtete, wenn sie auch preissteigernde lokale Verabredungen konkurrierender Handwerker nicht völlig vernachlässigte.

2. Auch im Mittelalter bis tief in die Neuzeit hinein bildeten wucherische Machenschaften, namentlich Aufkäufe von Waren des dringendsten Lebensbedarfs, eine Gefahr für die Wirtschaft und ein Objekt der Gesetzgebung. In den Kapitularien der Frankenkönige finden sich wiederholt Bestimmungen gegen den Aufkauf von Korn und Wein[3]). Die Constitutiones iuris metallici von Wenzeslaus II. richten sich gegen unlautere Machenschaften der Metallaufkäufer[4]). Analoge Vorschriften erließen die englischen Könige gegen „forestallers", „regrators" und „ingrossers"[5]), vornehmlich in Lebensmitteln. In Frankreich ergingen im 14. und 15. Jahrhundert zahlreiche königliche Ordonnanzen gleichen Inhalts gegen das Delikt des „accaparement"[6]). In deutschen Städten

---

[1]) Über die großgewerbliche Produktion im Altertum vgl. Brentano, a. a. O. S. 47ff., 207ff.

[2]) Rostovzeff a. a. O. I S. 121ff.

[3]) Caroli Magni Hludowici et Hlotharii imperatorum capitularia ab Ansegiso Abbate Fontanellensi Collecta, Liber I (Monumenta Germaniae Historica, Legum Bd. I Hannover 1835 S. 287).

C. 125: Quicumque enim tempore messis vel tempore vindemiae, non necessitatis sed propter cupiditatem, comparat annonam aut vinum verbi gratia, de duobus dinariis comparat modium unum et servat usque dum venundari possit contra denarios quatuor aut sex seu amplius, hoc turpe lucrum dicimus. Si hoc propter necessitatem comparas, ut sibi habeat et aliis tribuat, negotium dicimus.

Vgl. Piotrowski a. a. O. S. 131ff.

[4]) Constitutiones iuris metallici von Wenzeslaus II. Buch I Kap. 21 § 1.

[5]) Zusammengestellt bei Piotrowsky, a. a. O. S. 145ff., 188ff., desgl. bei Haslam, The law relating to trade combinations S. 15ff.; vgl. oben S. 9.

[6]) Oben S. 9ff.; Delamare, Traité de la police II S. 614ff, 619ff., 634ff., 796ff., 800, 828ff.; Piotrowsky, a. a. O. S. 140ff., 184ff.

wurden im 14. Jahrhundert Polizeiverordnungen gegen „Fürkauf" oder „Aufkauf" erlassen[1]), ebenso in italienischen Städten wie Florenz[2]). Seit dem Reichsabschied von Trier-Köln aus dem Jahre 1512 bilden Vorschriften gegen den Fürkauf einen festen Bestandteil der Reichsgesetzgebung[3]). Die Bestimmungen werden im Reichsabschied von Augsburg aus dem Jahre 1532 und in Titel XVIII der Reichspolizeiordnung von 1577 erneut eingeschärft, desgleichen in einem für die Niederlande gültigen Edikt Karls V. vom 4. Oktober 1540. Ein Rezeß des Großen Kurfürsten vom 26. Juli 1653 wendet sich gegen Einkaufsverabredungen der Korn-, Vieh-, Woll- und Hopfenhändler[4]).

Schon allein die Tatsache, daß diese Gesetze immer wieder erlassen wurden, beweist ihre Erfolglosigkeit. Auch drastische Kapuzinerpredigten, wie die oben (S. 10) mitgeteilte Predigt des Geiler von Kaisersberg, haben nur Sinn, wenn die in ihnen gegeißelten Laster weit verbreitet sind. Erst in neuerer Zeit haben spekulative Aufkäufe von Waren an Bedeutung verloren, weil sie bei der heutigen Entwicklung der Verkehrsmittel, um wirksam zu sein, die Vorräte der ganzen Welt umfassen müßten. Nur wenn durch Krieg, Inflation oder nationalistische Autarkiebestrebungen der Welthandel unterbunden oder mindestens erschwert ist, können sie wieder in die Erscheinung treten.

Kennzeichnend für das Mittelalter ist die Bildung öffentlichrechtlicher Organisationen.

Zwangsverbände von Gewerbetreibenden kennen wir bereits aus spätrömischer Zeit. Beispielsweise bestanden Collegia der mercatores, der pistores und der navicularii, also der Kaufleute, der Bäcker und der Schiffseigner[5]). Sie wurden vom Staat dazu benutzt, die nötigen Nahrungsmittel (annona) vornehmlich für das Heer zu beschaffen sowie die Truppentransporte zu ermöglichen. Somit dienten sie der Auferlegung öffentlicher Lasten, wofür ihre Mitglieder gewisse Privilegien genossen[6]). Späterhin breiteten sich gewerbliche Zwangsverbände über zahlreiche Gewerbezweige aus und dienten einer weitgehenden polizeilichen Kontrolle des Handwerks[7]). Dagegen hatten sie nicht, wenigstens nicht nachweisbar, den Zweck, die Konkurrenz zwischen ihren Mitgliedern zu beschränken.

[1]) Baader, Nürnberger Polizeiordnungen S. 191ff., 213ff.; Meraner Stadtrecht in Z. f. Deutsches Altertum 6 S. 413ff, 422ff.

[2]) Kohler, Unl. Wettbewerb S. 2ff.; Piotrowsky a. a. O. S. 138ff.

[3]) Abgedruckt bei Emminghaus, Corpus iuris Germanici (Jena 1844) S. 172, 396; oben S. 8ff; Piotrowsky a. a. O. S. 176ff., 181.

[4]) Oben S. 12. Die einschlägigen Äußerungen der namhaftesten Schriftsteller der Reformationszeit zum Monopolproblem stellt Stieda, Schmollers Jb. 50 S. 876ff. zusammen.

[5]) Rostovzeff a. a. O. II S. 158, 232; Brentano, Wirtschaftsleben der antiken Welt S. 133ff.; Kohler, Jahrb. f. Dogm. 18 459ff.; Babled, Cura Annonae, S. 92ff.; 113ff. Max Weber, Wirtschaftsgeschichte, München 1923, S. 127ff.

[6]) fr. 6, 3 D 50, 6.

[7]) Stöckle, Spätrömische und byzantinische Zünfte S. 99ff.

Dagegen standen die in den Zünften des Mittelalters zusammengeschlossenen Handwerker unzweifelhaft unter der Einwirkung öffentlich-rechtlicher Konkurrenzbeschränkungen. Daß sie Preisvorschriften unterworfen waren, beweist freilich an sich noch nichts; denn festgesetzte Preise können sowohl als Mindestpreise zum Schutz gegen übermäßige Konkurrenz wie auch als Höchstpreise zum Schutz des Publikums gegen Überteuerung gedacht sein. Aber darüber hinaus wurde eine Kontingentierung der Erzeugung und des Absatzes beispielsweise dadurch erreicht, daß die Zahl der Gehilfen, die der einzelne Meister beschäftigen durfte, oder die Menge des Rohmaterials, die dem einzelnen zur Verarbeitung zur Verfügung stand, nach oben begrenzt war[1]).

Ob es gleichwohl einen Sinn hat, die Zünfte mit der modernen Kartellbewegung zu vergleichen, möchte ich bezweifeln.

Nach der unter den Vertretern sowohl der Rechtsgeschichte wie der Wirtschaftsgeschichte herrschenden Auffassung ist die Zunft eine öffentlichrechtliche Standesorganisation[2]). Die Ausübung eines bestimmten Gewerbes stellte im Mittelalter ein öffentliches Amt dar[3]). In der Verwaltung dieses Amtes wurde der Handwerker von der Zunft geleitet. Die Zunft umfaßte daher den ganzen Menschen, und ihre Aufgabe war die Sorge für die Reinhaltung des Standes.

Nach einer weitverbreiteten Meinung widersprach schon die Wirtschaftsgesinnung des Zünftlers dem Streben nach unbegrenztem Gewinn und der Ausnutzung einer Monopolstellung; er begnügte sich spontan damit, seine standesgemäße „Nahrung" aus seinem Gewerbe zu ziehen[4]). Eine andere Ansicht nimmt an, daß die Handwerker schon in der Blütezeit der Zünfte das natürliche Monopol ausnutzen wollten, das ihnen der begrenzte städtische Markt verschaffte[5]). Nach dieser Meinung hatte die öffentlichrechtliche Regelung des Zunftwesens die Aufgabe, den Verbraucher gegen Ausbeutung zu schützen. Tatsächlich hat die Obrigkeit öfters versucht, die Abschließung der Zünfte aufzulockern, und Freimeister zur Ausübung des Gewerbes zugelassen[6]), wenn auch im allgemeinen Beitrittszwang bestand[7]).

---

[1]) Gierke, Das deutsche Genossenschaftsrecht. Bd. I. Berlin 1868. S. 392ff.; Brentano, Geschichte der wirtschaftlichen Entwicklung Englands. I S. 237ff.; 246ff.; Stieda, Die Reihe als Mittel zur Einschränkung der Konkurrenz, Schmollers Jahrb. 1926, 890ff.

[2]) Vgl. Gierke a. a. O. I S. 227, 362, 365, 383ff., 387ff.; Conrad, Deutsche Rechtsgeschichte I S. 297ff.; Brentano, Geschichte der wirtsch. Entwicklung Englands I S. 231ff.; 245ff.; Gieseking GDS 6 S. 8ff.; Kraft, Z. f. d. ges. Staatsw. 106 S. 56ff.

[3]) Gierke a. a. O. I S. 248, 360; Kelter, Gesch. d. obrigkeitl. Preisregelung Bd. 1.

[4]) Sombart, Der moderne Kapitalismus I S. 188ff.; Max Weber, Wirtschaftsgeschichte S. 129ff.; van Vollenhoven, Schmollers Jb. 59 S. 299.

[5]) Kelter, a. a. O. und Schmollers Jb. 56 S. 749ff, 59 S. 311ff.

[6]) Keutgen, Ämter und Zünfte (1903) S. 193, 246ff.; Bechtel, Wirtschaftsgeschichte I S. 281, II S. 273ff.

[7]) Keutgen, a. a. O. S. 189.

Welche dieser beiden Ansichten zutrifft, kann hier offen bleiben. In keinem Falle wären die Zünfte den modernen Kartellen zu vergleichen, da diese eine an sich nicht oder nur begrenzt vorhandene Monopolstellung schaffen oder mindestens verstärken; nach der letztgenannten Meinung bestände die Aufgabe der Zünfte darin, der Ausnützung eines natürlichen Monopols entgegenzuwirken[1]).

Im Zeitalter ihres Verfalls, gegen Ende des Mittelalters und zu Beginn der Neuzeit, verloren die Zünfte den Charakter von Standesorganisationen, dienten vielmehr fast ausschließlich der Beschränkung des Wettbewerbs[2]). Allenthalben finden wir daher Vorschriften gegen kartellartige Abreden innerhalb der Zünfte. Hierher gehört beispielsweise ein im Jahre 1343 in Pisa ergangenes Gesetz[3]), die deutsche Reichspolizeiordnung von 1548[4]), ein englisches Gesetz von 1549[5]), ungarische Gesetze von 1715 und 1723[6]) sowie ein Reichsschluß von 1731[7]). Auch hier kann man aus der großen Zahl immer wiederholter gesetzlicher Bestimmungen ihre Unwirksamkeit folgern.

Unzweifelhaft echte Kartelle im heutigen Sinne beobachten wir erst gegen Ende des Mittelalters. Bezeichnenderweise treten sie am frühesten in denjenigen Gewerbszweigen auf, in denen sich zuerst die moderne Wirtschaftsverfassung abzeichnet, wo also der Bedarf eines umfangreichen Marktes gedeckt wird und der Einsatz bedeutender Kapitalien nötig ist. Das sind vor allem der Bergbau und verwandte Gewerbe[8]).

Auf diesen Gebieten werden die Kartelle von der Gesetzgebung anerkannt und von dem Monopolverbot freigestellt. Das sog. Toledaner Mandat Karls V. vom 13. Mai 1525 wurde oben (S. 13) mitgeteilt. Die Ausführungen des Toledaner Mandats decken sich auch mit der Darlegungen von Malynes aus dem Anfang des 17. Jahrhunderts, die Piotrowsky (S. 208ff.) mitteilt. Malynes unterscheidet zwischen reaso-

[1]) Passow, Kartelle S. 42ff., nimmt zwar den Kartellcharakter der Zünfte an, verkennt jedoch nicht, daß sie auch kirchlichen, geselligen, politischen, militärischen und Unterstützungszwecken dienten und daß ihnen dies eine Sonderstellung gibt. Ähnlich Liefmann, Kartelle, Konzerne und Trusts (8. Aufl.) S. 21; Vogelstein GDS 6 S. 241ff.; Neu, Schmollers Jb. 49 S. 1351; Böhm, Wettbewerb und Monopolkampf S. 97. Nur Piotrowski (a. a. O. S. 168ff.) ist der Auffassung, daß die Zünfte in allen wesentlichen Beziehungen mit modernen Kartellen und Trusts übereinstimmten.

[2]) Gierke, Genossenschaftsrecht I S. 359, 915ff.; Conrad, Deutsche Rechtsgeschichte I S. 291ff.; Keutgen a. a. O. S. 243ff.; Höffner, Wirtschaftsethik und Monopole (1941) S. 14ff.; vgl. ferner die von Röper, Schmollers Jb. 69 S. 83 zitierten Ausführungen von J. J. Becher.

[3]) Strieder, Studien z. Gesch. kapitalist. Organisationsformen, S. 187.

[4]) Strieder, a. a. O. S. 188.

[5]) Brentano, a. a. O. II S. 108.

[6]) Baumgarten-Meszlény, Kartelle und Trusts, S. 247.

[7]) Schmaussen, Corpus iuris publici (Leipzig 1774) S. 1385; Emminghaus a. a. O. S. 555.

[8]) Oben S. 5ff.

nable und unreasonable monopolies und rechnet zu den ersteren diejenigen, die sich auf nicht lebenswichtige Waren beziehen und sich die Anpassung des Angebots an den Bedarf zur Aufgabe machen.

Die theoretische Grundlage dieser Regelung wurde von J. J. Becher (1625—1682) entwickelt. Er stellte dem Monopol das Polypol gegenüber und erklärte beide für gefährlich. Wenn beispielsweise in Wien nur ein Schuster wäre, obgleich sich 50 dort ernähren könnten, so bringe der Monopolist 49 um ihr Brot. Aber wenn statt der 50 Schuster sich 150 dort niederlassen dürften, so würde kraft dieses Polypols eine Menge von Bettlern hervorgerufen werden[1]).

3. In den Ausführungen von Becher beginnt sich die im Merkantilsystem verkörperte Wirtschaftsauffassung abzuzeichnen[2]). Der Staat hat sowohl dem Monopol wie dem Polypol entgegenzuwirken. Aufgabe des Staates ist insbesondere die Erzielung höchstmöglichen Nationalreichtums. Hierbei ist ihm der gewerbliche Unternehmer ein natürlicher Helfer und darum ein sorgfältig gehegter, aber auch vielfältig gegängelter Schützling. Das bekannteste Beispiel ist das im Bergbau geltende sog. Direktionsprinzip, wonach der Bergbau für Rechnung der Gewerken, also privater Kapitalisten, von staatlichen Beamten betrieben wird[3]).

Aus solchen Gedankengängen ergab sich zwangsläufig, daß es zweckmäßig sei, übermäßige Konkurrenz zwischen den gewerblichen Unternehmern zu verhindern, sei es, indem man freiwillige Kartellabmachungen förderte[4]), sei es, indem man zwangsweise Regelungen schuf. Diese Regelungen bestanden allerdings vorzugsweise in staatlicher Monopolisierung, Reglementierung oder Konzessionierung bestimmter Gewerbezweige[5]). Doch finden wir auch Zwangskartelle, und zwar meist in der Form, daß freiwillige Abmachungen der Beteiligten staatlich geschützt und bestätigt wurden.

Hierher gehört auch die von Stieda[6]) geschilderte Einrichtung der „Reihe“, die sich vom Zeitalter der Reformation bis zum Beginn des 19. Jahrhunderts im Bergbau, in der Schiffahrt sowie bei Brauern und

[1]) Vgl. Röper, Schmollers Jahrbuch 69 S. 594ff.

[2]) Röper, a. a. O. S. 602ff.

[3]) Ein sehr anschauliches Bild von der Praxis des Direktionsprinzips gibt die Instruktion für das Cleve-Mörs- und Märkische Bergamt in Wetter vom 24. 5. 1783, abgedruckt Zeitschr. f. d. Berg-, Hütten- und Salinenesen 40 S. 317ff. Vgl. ferner Fechner, Geschichte des Schlesischen Berg- und Hüttenwesens, Z. f. d. Berg-, Hütten- und Salinenwesen 48 S. 279ff.; namentlich S. 318ff., 341ff.

[4]) Vgl. das erwähnte Toledaner Mandat von 1525, sowie ferner einen Brief Ferdinands I. an Anton Fugger vom 21 Januar 1548, durch den Ferdinand I. Fugger zum Abschluß eines Kupferkartells mit der Firma Manlich veranlaßt, um die Konkurrenz zwischen den Tiroler Kupfergruben und den Ungarischen Kupfergruben zu beseitigen (abgedruckt bei Strieder a. a. O. S. 500).

[5]) Vgl. Lehnich, Kartelle und Staat S. 14ff.; Böhm, Wettbewerb und Monopolkampf S. 98ff.

[6]) Stieda, Schmoller Jb. 50 (1926) 892ff.

Bäckern findet und die darin besteht, daß jeder Gewerbetreibende abwechselnd an die Reihe kommt, als Schiffer eine bestimmte Reise zu machen, als Brauer ein bestimmtes Quantum Bier zu brauen und zu verkaufen usw. Hiermit nahe verwandt ist die im Siegerland Ende des 18. Jahrhunderts bestehende Organisation der Hütten- und Hammerwerke[1]). Im Anfang des 19. Jahrhunderts wurden staatlich bestätigte Kartelle im Drahtgewerbe von Iserlohn und Altena[2]) und in der Sensenfabrikation der Grafschaft Mark errichtet[3]). Eine Mischung gewerblicher Konzessionierung und Syndizierung enthielten die unter Napoleon errichteten Korporationen der Bäcker und Fleischer von Paris[4]).

4. Die Gegenwirkung gegen das Merkantilsystem nahm ihren Ausgang von dem Grundsatz der wirtschaftlichen Freiheit des Individuums, wie er zuerst in England entwickelt wurde. Zu den durch die Magna Carta gewährleisteten Freiheiten des freien Engländers rechnete man die Freiheit der gewerblichen Betätigung[5]). Von hier aus kam man dazu, die Verleihung staatlicher Monopole für einzelne Gewerbezweige an einzelne Personen für unzulässig zu erklären, soweit es sich nicht um Erfindungspatente handelte. Dies geschah zunächst durch das berühmt gewordene Urteil vom Jahre 1602 in Sachen Darcy v. Allin und später durch das Monopolstatut vom Jahre 1624[6]).

Das Monopolstatut wandte sich nicht gegen die Begründung privater Monopole durch Corners oder Kartellverträge[7]). Gegen Corners richtete sich vielmehr die Bestrafung des engrossing, forestalling und regrating. Für Kartellverträge kam, abgesehen von Spezialbestimmungen, wie z. B. dem im Jahre 1711 ergangenen Verbot von Vereinbarungen zum Zwecke der Monopolisierung des Kohlenhandels[8]) die Rechtsprechung über contracts in restraint of trade in Betracht. Solche Verträge wurden in England jedoch schon ziemlich früh[9]) insoweit für zulässig erklärt, als sie aus guten Gründen (just reasons) und gegen angemessene Gegenleistung (consideration) abgeschlossen waren und

---

1) Vgl. Levy, Monopole, Kartelle und Trusts S. 71 ff.

2) Levy a. a. O. S. 74ff.; Eversmann, Die Eisen- und Stahlerzeugung auf Wasserwerken zwischen Lahn und Lippe (Dortmund 1904) S. 272ff., 275; Knapmann, Das Eisen- und Stahldrahtgewerbe in Altena S. 44ff., 49ff., 95ff.; von der Heiden, Kartellrundschau 1926, 216ff., wo das Statut des Altenaer Stahldrahtstapels vom 14. Mai 1764 abgedruckt ist.

3) Eversmann a. a. O. S. 253ff., 259.

4) Lexis, Gewerkvereine und Unternehmerverbände in Frankreich. Schriften des Vereins für Sozialpolitik 17 28ff.

5) Oben S. 16ff., 20ff.

6) Abgedruckt bei Kohler-Mintz, Patentgesetze aller Völker I S. 8. Dazu Lehnich Kartelle und Staat S. 18, 21.

7) Wie dies anscheinend Piotrowski a. a. O. S. 198ff. annimmt.

8) 9 Anne c. 28; Levy a. a. O. S. 94; Piotrowski a. a. O. S. 325.

9) Vgl. das Urteil im Falle Mitchell v. Reynolds (1711) English Reports 24 S. 347ff

nicht darauf abzielten, ein vollständiges Monopol für ganz England zu errichten. Demgemäß werden Kartellverträge weitgehend als gültig angesehen[1]).

5. Im 18. Jahrhundert entwickelten die Physiokraten die Lehre vom ordre naturel, wonach in aller Regel das Eigeninteresse den Menschen veranlasse, im Interesse der Gesamtheit tätig zu werden. Seit Adam Smith und John Stuart Mill wurde besonders die Rolle betont, welche dem Wettbewerb bei der Herstellung jener natürlichen Ordnung der Wirtschaft zukomme.

Der Wirtschaftsliberalismus, das sog. Manchestertum, führte, wie oben S. 25 dargestellt, auch auf dem Kontinent zur Aufhebung aller Bestimmungen, welche die freie Betätigung des Gewerbes, insbesondere des Bergbaus, beschränkten. In Preußen wurde die Gewerbefreiheit durch § 50 der Geschäftsinstruktion für die Regierungen vom 26. 12. 1808 eingeführt und das Direktionssystem im Bergbau durch das sogen. Miteigentümergesetz vom 12. 5. 1851 und das Gesetz über die Aufsicht der Bergbehörden vom 21. 5. 1860 aufgehoben.

Gleichzeitig wurde durch die zunehmende Entwicklung der Verkehrsmittel, namentlich durch die seit der ersten Hälfte des 19. Jahrhunderts einsetzende Ausbreitung der Eisenbahnen das natürliche Monopol immer mehr beseitigt, welches bis dahin die Verkehrsschwierigkeiten den Erzeugern und Händlern auf ihrem heimischen Markte regelmäßig verschafft hatten. Die schnellen und billigen Transportmöglichkeiten gestatteten es, daß für die meisten Erzeugnisse Unternehmer aus allen Teilen Deutschlands, aus den Nachbarländern und sogar aus Übersee in Wettbewerb traten.

> „Die Konkurrenz wächst mit der Dichtigkeit der Bevölkerung, den ausgebildeten Verkehrsmitteln, der wachsenden Abhängigkeit vom Markt. Sie hat heute einen Umfang und eine Kraft erreicht, wie niemals früher". (Schmoller, Allgemeine Volkswirtschaftslehre II S. 50.)

Ebenso wurde zur gleichen Zeit der Wettbewerbskampf durch die immer stärkere Kapitalisierung der Industrie verschärft. Ein relativ hoher Preis bei schlechter Beschäftigung kann für ein Unternehmen, das mit hohem stehenden Kapital arbeitet, verlustbringender sein als ein wesentlich schlechterer Preis bei guter Beschäftigung.

Diese Sachlage drängte von selbst zu Vereinbarungen über Beschränkung des Wettbewerbs. Solche Abreden verloren den Charakter von Komplotten zur Ausbeutung des Publikums, dienten vielmehr in erster Linie der Sicherung einer angemessenen Rente und der Verhinderung von Kapitalverlusten. Dementsprechend setzte um die Mitte des 19. Jahrhunderts eine ungeahnte Ausbreitung der Kartellbewegung ein.

---

[1]) Vgl. die Übersicht über die Rechtsprechung bei Haslam, The law relating to trade combinations S. 19ff., 196ff.

6. Gleichzeitig entwickelte sich, vor allem in den Vereinigten Staaten, aber auch in Europa, die Erscheinung des marktbeherrschenden Unternehmens, die früher nur vereinzelt vorgekommen war. Sie zeigt, ebenso wie die Kartellbewegung, einen Januskopf. Großunternehmen dienen dem Fortschritt durch ihre schlagkräftige Organisation, durch ihre Kapitalkraft und durch die ihnen eröffneten Möglichkeiten technischer und wirtschaftlicher Rationalisierung. Andererseits vermögen sie für sich allein oder durch ausdrückliche oder stille Abkommen mit ihren wichtigsten Konkurrenten den Wettbewerb auszuschalten, ihre kleineren Konkurrenten zu ruinieren und den Verbraucher auszubeuten. Namentlich in den ersten Jahrzehnten ihrer Entwicklung waren sie, mindestens in den Vereinigten Staaten, keineswegs zurückhaltend in der Anwendung robuster Wettbewerbsmethoden. Die ältere amerikanische Antitrustliteratur schildert die damals üblichen Praktiken zur Genüge.

Aus dieser Situation entstand die Antitrustgesetzgebung der neuen Länder, in erster Linie die der Vereinigten Staaten. Gerade in solchen sich rapide entwickelnden Wirtschaftsgebieten übersteigt die Nachfrage das Angebot schon infolge der schnellen Vermehrung der Bevölkerung und ihrer Bedürfnisse, so daß eine Beschränkung der Konkurrenz kaum je gerechtfertigt ist (oben S. 64ff.). Die Antitrustgesetzgebung verfolgt daher das Ziel, den freien Wettbewerb herzustellen, also zu verhindern, daß vertragliche Bindungen, übermäßige Unternehmenzusammenballungen oder unfaire Wettbewerbsmethoden die Konkurrenz ausschalten.

7. In den engeren Verhältnissen Europas, namentlich Deutschlands, ist die Lage wesentlich verwickelter.

Was zunächst den unlauteren Wettbewerb betrifft, so wird er natürlich auch hier mißbilligt. Doch ist zu seiner Bekämpfung ein besonderes Rechtssystem geschaffen worden. Denn unlauterer Wettbewerb wird nicht bloß von wirtschaftlichen Machtkörpern begangen, sondern auch von kleinsten Betrieben, und es besteht kein Grund, diesen eine unfaire Handlungsweise zu erlauben, bloß weil sie klein sind. Daraus zog das deutsche Gesetz mit Recht die Konsequenz, die Bekämpfung des unlauteren Wettbewerbs in erster Linie den Betroffenen und ihren Verbänden zu überlassen und ihnen zu diesem Zweck privatrechtliche Rechtsbehelfe, sowie in schwereren Fällen das Recht zur strafrechtlichen Privatklage zur Verfügung zu stellen.

Soweit es sich um Wettbewerbsbeschränkungen handelt, die nicht schon an sich unlauter sind, wurde man sich über die oben dargestellten Antinomien klar, also darüber, daß weder Wettbewerb noch Wettbewerbsbeschränkungen in der heutigen Wirtschaft Europas zu entbehren sind, daß sie beide vielmehr je nach Lage des Falles volkswirtschaftlich nützliche und volkswirtschaftlich schädliche Wirkungen ausüben können (Vgl. oben S. 51ff.).

VIII.

Hiernach lassen sich vier Gruppen von Kartellgesetzgebungen unterscheiden:

a) Die erste Gruppe, die der Wuchergesetze, kann man nicht eigentlich zu den Kartellgesetzgebungen rechnen. Für sie sind Kartelle nur eines von verschiedenen Mitteln, sich übermäßige Gewinne zu verschaffen. Die Gesetze beziehen sich daher auch auf sonstige Wuchertatbestände.

Dieser Typ der Gesetzgebung herrschte im Altertum, im Mittelalter und in der Zeit des Frühkapitalismus vor. Späterhin wurde er im wesentlichen nur noch in Zeiten einer durch Krieg oder Geldentwertung gestörten Wirtschaft angewandt. Der Erfolg der Wuchergesetze war stets problematisch, einmal weil es an einem Maßstab für die Angemessenheit des Gewinnes fehlt, und ferner, weil sie mit gesetzlichen Verboten arbeiten müssen, die einen Frontalangriff gegen das Selbstinteresse des Menschen unternehmen und daher, wenn überhaupt, nur mit Hilfe eines ausgedehnten polizeilichen Apparats durchzusetzen sind.

b) Der zweite Typ beruht auf der Erwägung, daß kartellartige Zusammenschlüsse vom Staate zur planmäßigen Lenkung der Wirtschaft benutzt werden können. Daher befördert und erzwingt der Staat die Errichtung von Kartellen.

Dieser Typ ist aus dem Geiste des Merkantilismus erwachsen. Heutzutage kommt auch er nur in Zeiten gestörter Wirtschaft vor und wird dann häufig mit einer Wuchergesetzgebung gekoppelt.

c) Die dritte Gruppe der Kartellgesetzgebungen, wie sie vornehmlich durch die seit den 90er Jahren entstandenen Gesetze der Vereinigten Staaten und der britischen Dominions repräsentiert wird, betrachtet Kartelle als Verletzungen des Prinzips der freien Konkurrenz. Nicht übermäßige Preise oder übermäßige Gewinne erscheinen anstößig (sofern sie nicht etwa durch unfaire Methoden erzielt sind), sondern die Beschränkung des Wettbewerbs wird als solche mißbilligt.

Auch derartige Gesetze müssen mit Verboten arbeiten. Nur richten sich diese nicht gegen übermäßige Preisforderungen, sondern gegen vertragliche Wettbewerbsbeschränkungen oder übermäßige Machtzusammenballungen. Für sie gilt daher gleichfalls, daß sie niemals vollständig erzwingbar sind, selbst mit einer gewaltigen Behördenorganisation. Bekannt ist der außerordentlich kostspielige Apparat, der in USA auf dem Gebiete der Trustbekämpfung arbeitet und gleichwohl nur einen Bruchteil der Verstöße erfaßt (oben S. 67ff.).

d) Die letzte Gruppe der Gesetzgebungen endlich beruht auf der Erkenntnis der oben geschilderten Antinomien. Diese Gesetze sehen ein, daß sowohl Kartelle wie Großunternehmen notwendige Strukturelemente der heutigen Wirtschaft sind, daß sie aber andererseits die Macht besitzen, den Wirtschaftsverlauf ihres Marktgebiets in einem dem Gesamtinteresse schädlichen Sinne zu beeinflussen. Daraus ergibt sich das Bestreben, ihre nützlichen Funktionen sich auswirken zu lassen, ihre schädlichen Wirkungen aber hintanzuhalten.

Dieser Typ wird in erster Linie durch die deutsche Kartellverordnung von 1923 repräsentiert. Ihr sind zahlreiche spätere Gesetzgebungen gefolgt. Insbesondere liegt das gleiche Prinzip der Havanna-Charta[1]) und den sich an sie anschließenden Vorschlägen der Vereinigten Nationen zugrunde[2]).

Man hat sich daran gewöhnt, diesen Typ als „Mißbrauchsgesetzgebung" zu bezeichnen. Jedoch ist der Ausdruck zweideutig und irreführend. Er wird bald auf das Ziel, bald auf die technischen Mittel zur Erreichung des Ziels bezogen. Mißbrauchsgesetzgebung im ersteren Sinne bedeutet, daß man sich nicht dem utopischen Streben hingibt, Kartelle und Großunternehmen aus der Wirtschaft zu eliminieren, sondern nur bemüht ist, ihre nachteiligen Wirkungen zu verhindern, und zwar möglichst prophylaktisch, durch Schwächung jener Machtkörper und durch ein System von „checks and balances". Eine Mißbrauchsgesetzgebung im zweitgenannten Sinne will mit verwaltungsmäßigen Eingriffen von Fall zu Fall gegen konkrete „Mißbräuche" vorgehen. Die Havanna-Charta ist eine Mißbrauchsgesetzgebung des zweiten Typs. Sie will gegen schädliche Wirkungen von Kartellvereinbarungen mit Hilfe verwaltungsmäßiger Maßnahmen von Fall zu Fall einschreiten. Die Kartellverordnung dagegen beurteilte die Nützlichkeit und Wirksamkeit solcher „punktuellen" Eingriffe ziemlich skeptisch. Daher schwächte sie in erster Linie die Zwangsgewalt wirtschaftlicher Machtkörper durch Kündigungsrechte und Sperrverbote. Dadurch verhinderte sie weitgehend die Entstehung von „Mißbräuchen" oder beseitigte die gleichwohl entstandenen ohne behördlichen Eingriff. Nur subsidiär ließ sie Verwaltungsmaßnahmen zu, die aber gleichfalls vorwiegend durch ihre Möglichkeit, nicht durch ihre effektive Anwendung wirken sollten.

Auf der Zwielichtigkeit des Ausdrucks „Mißbrauchsgesetzgebung" beruht ein großer Teil der unfruchtbaren Debatten der letzten Jahre. Wenn der Verfasser eine „Mißbrauchsgesetzgebung" befürwortet[3]), so

---

[1]) WuW 1953 S. 244ff.

[2]) WuW 1953 S. 479ff. Über den weiteren Gang der Verhandlungen vgl. WuW 1954 S. 727, sowie Domke, WuW 1954 S. 161ff.; Junckerstorff, Schmollers Jb. 74 S. 61ff. gibt eine Übersicht über die europäische Kartellpolitik der letzten Jahre und wendet sich gegen die isolierte Einführung des Kartellverbots in Deutschland (S. 73ff.); Elisabeth Liefmann-Keil, Schmollers Jb. 67 S. 271ff. schildert die erfolgreichen Bestrebungen der schwedischen Konsumgenossenschaften, durch Schaffung „gegengewichtiger Marktmacht" sowohl Kartelle wie Großunternehmen an der Ausnützung ihrer Monopolstellung zu hindern.

[3]) Im „Entwurf eines Gesetzes zur Verhütung des Mißbrauchs wirtschaftlicher Machtstellungen" (1954).

hat er die von der Kartellverordnung angewandte Technik im Auge. Die Gegner bekämpfen sie mit Argumenten, die sich gegen die beispielsweise von der Havanna-Charta gewählte Technik richten und daher ihr Ziel verfehlen.

Auch insofern ist das Wort „Mißbrauch" unscharf, als es im Unklaren läßt, ob auch die privatwirtschaftliche Unbilligkeit darunter zu verstehen ist. Die Havanna-Charta hat eine bessere Formulierung gewählt. Sie sieht ein Eingreifen gegen Wettbewerbsbeschränkungen vor,

> "whenever such practices have harmful effects on the expansion of production or trade"[1]).

Das stellt klar, daß nur gegen volkswirtschaftlich schädliche Maßnahmen vorgegangen werden soll.

---

[1]) WuW 1953 S. 244

Aus unserer handelsrechtlichen Literatur:

GODIN-WILHELMI, **Gesetz über Aktiengesellschaften**

und Kommanditgesellschaften auf Aktien (Aktiengesetz) vom 30. Januar 1937 (RGBl. I S. 107 ff.). 2., vermehrte Auflage erläutert von Rechtsanwalt Reinhard Freiherr von Godin.
DIN A 5. XII, 1228 Seiten. 1950. Ganzleinen DM 52,—.
(Guttentagsche Sammlung Deutscher Gesetze Nr. 205).

HACHENBURG, **GmbH-Gesetz** (früher Staub-Hachenburg)

6. Auflage. Zwei Bände. Neubearbeitet von Rechtsanwalt Dr. Walter Schmidt, Rechtsanwalt Dr. Wolfgang Schilling, unter Mitarbeit von Rechtsanwalt Dr. Reinhard Goerdeler. Band I (§§ 1—34), Lieferung 1: Allgemeine Einleitung, §§ 1—12 mit ausführlichen Erläuterungen. IV, 325 Seiten. 1953. Subskriptionspreis DM 22,60. Lieferung 2: §§ 13—19. 146 Seiten. 1954. Subskriptionspreis DM 11,90. Die Subskription erlischt nach Erscheinen des ersten Bandes.

HUECK, **Das Recht der offenen Handelsgesellschaft**

Systematisch dargestellt von Professor Dr. Alfred Hueck. 2. Aufl. Groß-Oktav. VIII, 353 Seiten. 1951. Ganzleinen DM 28,—.

KÜSTER, **Inhalt und Grenzen der Rechte der Gesellschafter**

insbesondere des Stimmrechts im Deutschen Gesellschaftsrecht unter Berücksichtigung der höchstrichterlichen Rechtsprechung. Von Rechtsanwalt und Notar Dr. Werner Küster. Oktav. 95 Seiten. 1954. DM 6,75.

GODIN, **Nutzungsrecht an Unternehmen und Unternehmensbeteiligungen**

Von Rechtsanwalt Reinhard Freiherr von Godin. DIN A 5. XII, 129 Seiten. 1949. DM 8,—.

KÖTTER, **Gesetz über die Mitbestimmung der Arbeitnehmer**

in den Aufsichtsräten und Vorständen der Unternehmen des Bergbaus und der Eisen und Stahl erzeugenden Industrie. Vom 21. Mai 1951. Mit Erläuterungen von Ministerialrat Hans-Wilhelm Kötter.
DIN A 5. XVI, 252 Seiten. 1952. Ganzleinen DM 16,—.
(Guttentagsche Sammlung Deutscher Gesetze Nr. 238).

SCHMIDT, **Handelsgesellschaften.** 4 Bände

Entscheidungen des Reichsgerichts in Zivilsachen. Sammlung der noch wichtigen Entscheidungen nach Fachgebieten geordnet. Gruppe III. Handelsrecht. Bearbeitet von Rechtsanwalt Dr. Walter Schmidt.

Teil 1: Aktiengesellschaft. VIII, 423 Seiten. 1952. Halbleinen DM 16,50.

Teil 2: GmbH und Kartellrecht. VI, 355 Seiten. 1953. Halbleinen DM 13,20.

Teil 3: Offene Handelsgesellschaft und Kommanditgesellschaft. VIII, 285 Seiten. 1953. Halbleinen DM 9,90.

Teil 4: Genossenschaften und Bergrecht. VIII, 350 Seiten. 1953. Halbleinen DM 13,20.

WALTER DE GRUYTER & CO. / BERLIN W 35

Aus unserer bankrechtlichen Literatur:

JACOBI, **Wechsel- und Scheckrecht**
unter Berücksichtigung des ausländischen Rechts. Von Professor Dr. Ernst Jacobi †.
Oktav. Etwa 1088 Seiten. 1955. Halbleder DM 106,—.
(Münster. Beiträge zur Rechts- und Staatswissenschaft).

STRANZ, **Wechselgesetz**
vom 21. Juli 1933 (RGBl. I S. 399). Kommentar. 14. Auflage. Bearbeitet von Rechtsanwalt und Notar Martin Stranz.
DIN A 5. XII, 542 Seiten. 1952. Ganzleinen DM 32,—.
(Guttentagsche Sammlung Deutscher Gesetze Nr. 5).

OPITZ, **Depotgesetz**
Gesetz über die Verwahrung und Anschaffung von Wertpapieren vom 4. Februar 1937. Nebst einem ausführlichen Anhang: Schrankfächer und Verwahrstücke und zahlreichen Anlagen. Erläutert von Dr. Georg Opitz.
DIN A 5. Etwa 800 Seiten. 1955. Ganzleinen DM 48,—.
(Sammlung Guttentag Nr. 203).

OPITZ, **Fünfzig depotrechtliche Abhandlungen.** Sammelband.
Von Dr. Georg Opitz. DIN A 5. IX, 734 Seiten. 1954. Ganzleinen DM 48,—.

PRAUSE, **Das Recht des Schiffskredits**
unter besonderer Berücksichtigung des Schiffsregisterwesens zusammengestellt und erläutert von Rechtsanwalt Dr. Fritz Prause, Bevollmächtigter bei der Landesbank und Girozentrale Schleswig-Holstein, Kiel.
DIN A 5. XVI, 584 Seiten. 1954. Ganzleinen DM 58,—.
(Sammlung Guttentag Nr. 242).

SICHTERMANN, **Pachtkreditgesetz**
mit Durchführungs- und Nebenbestimmungen. Kommentar von Syndikus Dr. S. Sichtermann.
DIN A 5. VIII, 103 Seiten. 1954. Ganzleinen DM 10,—.
(Sammlung Guttentag Nr. 243).

ENGELMANN, **Der Kampf gegen die Monopole in den USA**
Die rechtliche Behandlung der wirtschaftlichen Konzentrationsbewegung in den Vereinigten Staaten von Amerika. Von Rechtsanwalt Dr. Fritz Engelmann. Groß-Oktav. XVII, 198 Seiten. 1951. DM 22,—.
(Beiträge zum ausländ. und internationalen Privatrecht Heft 21 im Gemeinschaftsverlag mit J. C. B. Mohr [Paul Siebeck], Tübingen).

HAUSSMANN, **Der Antitrustgedanke im Wirtschaftssystem**
Zugleich ein Beitrag zu den europäischen Antitrust-Problemen. Von Frederick Haussmann. 72 Seiten. 1950. DM 3,50.
(J. Schweitzer Verlag).

EYLAU, **Warenzeichen und Wettbewerbsrecht**
Entscheidungen des Reichsgerichts in Zivilsachen. Sammlung der noch wichtigen Entscheidungen nach Fachgebieten geordnet. Gruppe IV. Gewerblicher Rechtsschutz. Bearbeitet von Präsident des Reichspatentamtes a. D. Johannes Eylau. VIII, 765 Seiten. 1953. Halbleinen DM 28,60.

WALTER DE GRUYTER & CO. / BERLIN W 35

FSC
www.fsc.org
MIX
Papier | Fördert
gute Waldnutzung
FSC® C083411

Kolibri 360 GmbH
Ferdinand-Jühlke-Straße 7
99095 Erfurt, Deutschland
produktsicherheit@kolibri360.de